KURSBUCH

5/6

Religion

ELEMENTAR

Ein Arbeitsbuch für den Religionsunterricht im 5./6. Schuljahr

Calwer Verlag

Diesterweg

Kursbuch Religion Elementar wird herausgegeben von Wolfram Eilerts und Heinz-Günter Kübler

Berater: Gerhard Kraft, Dieter Petri, Heinz Schmidt und Jörg Thierfelder

Kursbuch Religion Elementar 5/6
wurde erarbeitet von Walter Boes, Simone Britsch, Michaela Deichl,
Eckhard Kosanke, Christoph Lang, Christina von Langsdorff,
Inge Müller und Corinna Schlapkohl
unter Mitarbeit von Ulrich Gräbig (Regionalberater Niedersachsen)

Druck A [5] / Jahr 2006

Alle Drucke der Serie A sind im Unterricht parallel verwendbar.

Redaktion: Katja Fiedler, Hans-Jörg Gabler, Holger Höcke
Herstellung: Detlev Ehlen
Umschlaggestaltung: Thom Bahr GRAFIK, Mainz
Satz und Reproduktionen: Utesch GmbH, Hamburg
Seitengestaltung und Grafik: Thom Bahr GRAFIK, Mainz
Illustrationen: Peter Knorr, Nierstein; Lutz-Erich Müller, Leipzig; Ekki Stier, Güntersberge.
Druck und Bindung: Westermann, Braunschweig

ISBN 3-7668-3805-9 (Calwer)
ISBN 3-425-07891-7 (Diesterweg)

Inhaltsverzeichnis

Hallo liebe Schülerinnen und Schüler,

„Kursbuch Religion Elementar" heißt euer neues Reli-Buch. Als „Kursbuch" wird auch die Zusammenstellung aller Fahrpläne der Deutschen Bahn bezeichnet. Wer so ein Kursbuch hat, kann sich informieren und kann andern Auskunft geben.

Euer neues Reli-Buch ist auch ein Kursbuch. Denn es informiert euch über alles, was ihr im Fach Religion wissen müsst. Aber ihr werdet beim Blättern schnell merken: Das Kursbuch Religion ist kein Paukbuch. Viele Erfahrungen aus eurem Alltag kommen darin vor. Ihr lernt im Buch andere Kinder kennen und erfahrt etwas über ihr Leben.

Im Unterricht müsst ihr nicht viel blättern. Alles, was ihr für die Stunde braucht, ist auf einer Doppelseite.

Wahrscheinlich seht ihr euch zuerst die **Bilder** an. Viele geben schon Auskunft über das Thema, bevor ihr einen Text dazu gelesen habt.

Meistens gehört auch ein **Text** dazu, der euch die nötigen Hintergrundinformationen bietet. Die **Arbeitsaufgaben** helfen euch, Texte und Bilder noch besser zu verstehen, und geben euch gute Ideen für Spiele, Gespräche und Projekte.

Manchmal weist euch ein Zeichen auf etwas Besonderes hin:

Eine Geschichte mit diesem Zeichen findet ihr auch in der Bibel. Meistens haben wir sie so erzählt, dass sie für euch interessant ist. Es lohnt sich also, die Bibelstelle im Unterricht aufzuschlagen und die Texte zu vergleichen.
Wenn wir eine Bibelstelle nacherzählt haben, findet ihr immer den Hinweis „nach …", also z. B.: nach Markus 10,13–16. Bei einem Original-Bibelzitat ist nur die Bibelstelle angegeben, z. B.: Psalm 23,1. Bei Auszügen aus einem Original-Bibeltext heißt es „aus …", z. B.: aus 1. Mose 1,1–2,4a.

In diesem Kasten stehen Fremdwörter und Fachbegriffe, die ihr noch nicht kennt. Sie werden dort genau erklärt. Wenn ihr das Wort dann in einem Text lest, wisst ihr genau Bescheid.

Die wichtigsten Informationen sind oft in diesen grünen Kästen zusammengefasst. Es lohnt sich immer, den Inhalt dieser Kästen besonders aufmerksam zu lesen oder auswendig zu lernen.

Viel Spaß und gute Entdeckungen wünscht euch
euer Kursbuch Religion Elementar-Team

Ich und die anderen

1. Betrachtet das Bild. Was fällt euch auf?

2. Was macht ihr in der Schule gern allein, zu zweit, in Gruppen? Sammelt jeweils Beispiele.

3. Welche Erfahrungen hast du mit Einzelarbeit, Partnerarbeit und Gruppenarbeit? Was gefällt dir jeweils dabei, was findest du nicht so gut?

Wir können uns einigen

1. a) Du reist allein auf eine Insel. Für Essen und Trinken ist dort gesorgt. Wähle aus den folgenden 16 Gegenständen acht aus, die du mitnehmen willst, und schreibe sie auf.

1. Leuchtraketen,	9. Erste-Hilfe-Koffer,
2. drei Bücher,	10. Fernsehapparat,
3. Luftmatratze,	11. Zelt,
4. Malsachen,	12. Schlauchboot,
5. CD-Player und CDs,	13. Computer,
6. Tagebuch,	14. Spielesammlung,
7. Koffer mit Wäsche,	15. Geld und Ausweispapiere,
8. Taucherausrüstung,	16. Hängematte.

b) Suche dir eine Reisebegleitung aus deiner Klasse. Einigt euch zu zweit auf sieben Gegenstände.

c) Sucht euch noch ein Paar. Einigt euch zu viert auf sechs Gegenstände.

2. Nach welchen Gesichtspunkten habt ihr eure Gegenstände ausgewählt?

3. Wie habt ihr zu zweit oder zu viert eure Entscheidungen getroffen?

4. Bist du mit dem Vierer-Ergebnis zufrieden?

Ich bin einzigartig

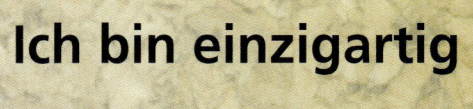

Einzigartig und wunderbar

Ich habe dich geschaffen – deinen Leib und deine Seele,
im Leib deiner Mutter habe ich dich gebildet.
Ich habe dich wunderbar und einzigartig gemacht.
Schon als du im Verborgenen Gestalt annahmst,
unsichtbar noch, schon kunstvoll gebildet im Leib deiner Mutter,
da warst du mir dennoch nicht verborgen.
Als du gerade erst entstandest, habe ich dich schon gesehen.
Von allen Seiten umgebe ich dich
und halte meine schützende Hand über dich.
(nach Psalm 139)

1. Gott hat jeden Menschen wunderbar und einzigartig geschaffen – auch dich. Was macht dich einzigartig?

2. Gott hält seine schützende Hand über dich. Welche Situationen aus deinem Leben könnten dies zeigen?

S...
Einmal will ich nach Kanada
Blond
A...
S... schüchtern (manchmal)
J...
Inliner finde ich cool
A...
N...

J...
U...
L... ustig
I...
Am liebsten gehe ich schwimmen

Watt 65

Expense Tracker
Report 1
Report 2
Report 3
Options   Select
SL 45i

Voll cool:
die Kult-Cargo für Kids!

1. Gestalte in deinem Religionsheft eine Seite über dich (Name, Geburtstag,
   Was ich gern mache, Was mir wichtig ist, Mein Lieblingsessen, Mein
   Fingerabdruck …).

2. Ein Zimmer sagt manches über die Person aus, die darin wohnt. Was
   können andere über dich erfahren, wenn sie dein Zimmer betreten?
   Welche Gegenstände sind dir besonders wichtig? Male dein Zimmer.

3. Wähle zu jedem Buchstaben deines Namens eine Eigenschaft oder
   einen Satz, der gut zu dir passt. Gestalte deinen Namen auf schöne
   Weise in deinem Heft.

4. Tim hat auf dieser Pinnwand eine Collage zu dem Thema „Das bin ich"
   zusammengestellt. Was wollte er wohl über sich aussagen?

5. Fertigt mit Hilfe von Zeitschriftenbildern, -titeln und -wortfetzen eine
   Collage an mit der Überschrift: Das bin ich. Erwähnt euren Namen nicht.
   Versucht die verschiedenen Collagen euren Mitschülern zuzuordnen. Wer
   will, kann anschließend seine Collage erklären.

Wer bin ich?

Das ist Natascha. Natascha ist 12 Jahre alt. Sie ist 1,60 m groß. Sie hat rote Haare und wiegt 44 kg. Das steht fest!
Aber was ist sonst noch von ihr zu erzählen?

Vater:
Natascha trödelt manchmal
ganz schön herum.

Lehrerin: Natascha kommt
immer gerne in die Schule.
Oft ist sie morgens die Erste.
Sie lernt auch gut.

Ihre Freundin Sonja:
Mit Natascha kann man
lustige Sachen machen.
Im Basketball ist sie Spitze.
Darauf kann sie stolz sein.

Basketball-Trainerin:
Natascha ist viel zu eigensinnig.
Sie muss noch besser auf
meine Anweisungen hören.

Nachbarin: Ein lebendiges
Kind! Manchmal ist sie aber
furchtbar vorlaut – das hat
es früher so nicht gegeben.

Bruder: Oft ist Natascha
so zurückgezogen.
Dann kann ich mit
ihr nichts anfangen.

1. Aus welchen Gründen haben die verschiedenen Personen so unterschiedliche Meinungen von Natascha?

2. Was denkt Natascha wohl selbst über sich?

3. Gestalte eine Seite in deinem Heft über dich. In die Mitte schreibst du: „Das steht fest!" (Alter, Größe …) Male darum herum mehrere Sprechblasen. Was könnten verschiedene Menschen über dich denken? Für die Sprechblasen „Klassenkamerad/in" kannst du gleich nachfragen.

Gedicht von Didi (13 Jahre)

Wer bin ich?

Wer bin ich? Freunde sagen, ich sei cool und stark.
Sie meinen, einem wie mir könnte niemand etwas anhaben.

Wer bin ich? Lehrer sagen, ich könne für andere ein Vorbild sein.
Sie meinen, so einer wie ich bräuchte vor Prüfungen keine Angst zu haben.

Wer bin ich? Meine Eltern sagen, ich sei ein Siegertyp.
Sie meinen, so einer wie ich würde seinen Weg im Leben problemlos gehen.

Bin ich das wirklich, was andere von mir sagen?

Oder bin ich nur das, was ich selbst von mir weiß?
Unruhig, unzufrieden mit mir selbst,
unsicher, abhängig von Anerkennung und Bestätigung, verletzt durch kleinste
Bemerkungen, ängstlich vor der Zukunft, mutlos, einsam und manchmal
sogar bereit, von allem Abschied zu nehmen?

Wer bin ich? Der eine oder der andere?
Heute so und morgen so? Oder beides zugleich?
Vor den anderen ein Schauspieler, vor mir selbst ein Schwächling?

Wer bin ich? Fragen, auf die ich keine Antworten finde.

Wer ich auch bin, Du kennst mich. Ich gehöre zu dir, Gott.

> Zu Gott kann ich kommen mit all meinen Fragen und Problemen. Bei Gott sind
> sie gut aufgehoben. Er kennt mich, er versteht mich und er sorgt für mich. Deshalb
> brauche ich mir nicht so viele Sorgen zu machen.

1. Was denken andere über Didi?

2. Was denkt Didi über sich?

3. Worin liegt Didis Probelm?

4. Wie löst Didi schließlich sein Problem?

5. Versuche im Stil Didis ein eigenes Gedicht zu verfassen.
   Die Anfänge der Strophen kannst du jeweils übernehmen. Beschreibe danach in der
   ersten Strophe, was Freunde, Lehrer, Eltern wohl von dir denken, und in der zweiten Strophe,
   was du selbst von dir denkst. Die dritte Strophe kannst du wiederum ganz übernehmen.

Wer ist der Größte?

Rita hat viele Freundinnen. Mit ihnen verbringt sie gerne ihre freie Zeit. Sie spielt mit ihnen. Dabei unterhalten sie sich. Alle kommen mit Rita gut aus.

Sedat spielt ausgezeichnet Fußball. Er ist der Mannschaftskapitän. Im Spiel treibt er seine Mitspieler an. Manchmal ärgert es die anderen, wenn er laut mit ihnen schimpft.

Sara-Lea findet in der Klasse wenig Beachtung. Viele mögen sie nicht, weil sie oft angibt: Manchmal sind es die neuen Spielsachen, manchmal die neuen Kleider.

Tolga ist oft allein. Aber ihn stört das nicht. Er bastelt gern. Vor kurzem hat er Ritas Kassettenrecorder repariert.

Swen zeichnet sich durch besondere Leistungen in der Schule aus. Er hat zu Hause Hasen, die er regelmäßig füttert und versorgt. Nicht alle Kinder mögen ihn.

Östem ist die beste Schülerin. Sie weiß auch genau, was sie will. Später will sie in das Geschäft ihrer Eltern einsteigen.

Walter mögen viele Kinder in der Klasse. Er ist hilfsbereit. Er drängt sich nicht in den Vordergrund. Er hört den anderen gern zu, wenn sie etwas zu erzählen haben.

Günther ist etwas schwerfällig. Vieles im Unterricht versteht er nicht. Sicher ist, dass er sitzen bleiben wird. Freunde hat er auch nicht. Nur manchmal spielt Tolga mit ihm.

Die Eltern von Lucy besitzen ein eigenes Schwimmbad im Haus. Lucy lädt oft Klassenkameraden zum Baden ein. Bei solchen Besuchen gibt es immer viel zu toben und zu lachen.

1. Wer von den beschriebenen Schülern ist die/der „Beste" oder „Größte"?

2. Erstellt in Partnerarbeit eine Rangfolge und begründet eure Entscheidung.

Wer ist bei Jesus der Größte?

Wer damit angefangen hatte, war nachher nicht mehr festzustellen. Aber alle Jünger beteiligten sich an dem Streit, wer der Größte unter ihnen ist

Als sie schließlich Kapernaum erreichten, wo Jesus schon auf sie wartete, waren sie so zerstritten, dass sie kein Wort mehr untereinander sprachen. Die Jünger versuchten zwar ihren Streit vor Jesus zu verbergen, aber er wusste längst, was sie besprochen hatten. Jesus sagte: „Setzt euch zu mir." Alle ließen sich nieder. „Wenn jemand der Größte sein will", begann Jesus, „wenn jemand immer der Erste sein will, dann ist er der Letzte von allen. Im Reich Gottes ist der am wichtigsten, der sich um andere kümmert und der denen hilft, die Hilfe brauchen."

nach Markus 9, 33–37

1. Wer ist für Jesus die/der „Größte"? Was meint Jesus mit seinem letzten Satz?

2. Überprüft eure Rangliste. Wer wäre nach den Maßstäben von Jesus am ehesten der/die „Größte"?

3. Sammelt in Partnerarbeit Beispiele dafür, wie sich jemand im Alltag verhält, der nach Jesu Maßstäben „groß" oder weniger groß ist. Die Bilder können euch dabei helfen.

Miteinander leben und arbeiten will gelernt sein

1. Beschreibt die Situation.

2. Wie können solche Situationen vermieden werden?

3. Überlegt euch in Kleingruppen 10 Regeln, die eurer Meinung nach ein Zusammenleben in der Schule ermöglichen, mit dem Schüler und Lehrer zufrieden sein können.

4. Vergleicht eure Ergebnisse und einigt euch auf 10 gemeinsame Regeln.

5. Jesus sagt, alle wichtigen Regeln kann man in einer einzigen Regel zusammenfassen: „Alles, was ihr wollt, dass man euch tut, das tut auch anderen!"
   Erklärt diese Regel mit eigenen Worten.
   Kann man nach dieser Regel auch heute noch leben? In der Familie? In der Schule? In der Clique?

Ein Gespräch funktioniert nur, wenn gewisse Regeln festgelegt und eingehalten werden. Dazu gehört zum Beispiel das Zuhören, das genaue Überlegen darüber, was der andere gesagt hat und was ich verstanden habe, das Antwortgeben. Stellt in eurer Klasse eigene **Gesprächsregeln** auf oder verwendet die folgenden:

1. Ich spreche nur, nachdem ich mich gemeldet habe und zum Reden aufgefordert werde.
2. Ich höre den anderen zu und lasse sie ausreden.
3. Ich versuche, auf das, was andere gesagt haben, einzugehen.
4. Ich verstecke mich nicht hinter anderen. Wenn ich etwas will, sage ich es deutlich: „Ich meine das so, weil …"

Bei Gesprächen ist es wichtig, einander genau zuzuhören. Dies kann man trainieren:

Greta: „Ich lese gerne. Was machst du gern? Mischa, bitte."
Mischa: „Greta liest gerne. Ich kann gut Fußball spielen. Was machst du gern? Nadine, bitte."
Nadine: „Mischa kann gut Fußball spielen. Ich bin gut am Computer. Und du? …"

6. Führt ähnliche Gesprächsübungen zu euren Lieblingsspeisen, Lieblingsfächern, Lieblingsspielen … durch.

Ein Gespräch kann man in *vier Phasen* einteilen

1. Phase: **Ein Gespräch möglich machen und einen Anstoß geben**
Sitzordnung: Setzt euch so, dass ihr gut miteinander Kontakt aufnehmen könnt – am besten im Kreis. Der Gesprächsleiter oder die Gesprächleiterin gehört gleichberechtigt in die Runde.
Der Gesprächsleiter oder die Gesprächsleiterin gibt einen Anstoß zum Gespräch, der möglichst offen ist: Es sollen viele Antworten möglich sein. Ein Anstoß kann lauten: „Wie denkst du über …?" oder „Wie hast du … erlebt?"

2. Phase: **Eine Grundlage für das Gespräch schaffen**
Vor dem Gespräch braucht man Zeit, um die eigene Meinung, Erfahrung oder Position zu durchdenken. Denkt in Einzelarbeit einige Minuten über das Thema nach, und macht euch gegebenenfalls Notizen.

3. Phase: **Ein Gespräch führen**
In dieser Phase findet der eigentliche Austausch und das Gespräch statt. Deine Aufgabe besteht vor allem im Zuhören. Beim Gespräch sind die Ohren wichtiger als der Mund. Vielleicht gibst du einmal einen weiteren Anstoß oder greifst Äußerungen von Mitschülern auf und stellst sie nochmals zur Diskussion. In jedem Gespräch gibt es auch Pausen oder Stockungen. Das sind meist keine Störungen, sondern wertvolle Denkpausen.

4. Phase: **Ein Gespräch abschließen**
Am Schluss ist es wichtig, dass sich jeder überlegt, was das Gespräch verändert hat. Der Gesprächsleiter oder die Gesprächsleiterin kann das Gehörte zusammenfassen oder abschließend eine letzte Gesprächsrunde einleiten: Was ist in dem Gespräch wichtig geworden? Welche Fragen haben sich geklärt? Welche sind noch offen?

1a) Ihr könnt die Gesprächsregeln und die vier Phasen eines Gesprächs einmal ausprobieren. Einigt euch dazu zunächst auf ein interessantes Thema, das viele, auch gegensätzliche Beiträge erwarten lässt, z. B.: Welche Sitzordnung wollen wir in unserem Klassenzimmer haben: Frontal, Hufeisen oder Gruppentische? Bestimmt einen Gesprächsleiter oder eine Gesprächsleiterin.

1b) Über ein Gespräch kann man reden. Bestimmt zwei Gesprächsbeobachter, die anschließend berichten, wo sie Probleme und Regelverstöße innerhalb des Gesprächs entdeckt haben. Arbeitet an eurem Gesprächsverhalten, damit die Gespräche in eurer Klasse immer besser werden.

1c) Führt das Gespräch durch und wertet es aus.

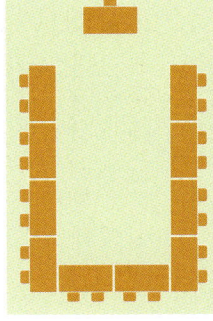

Gut, dass wir einander haben

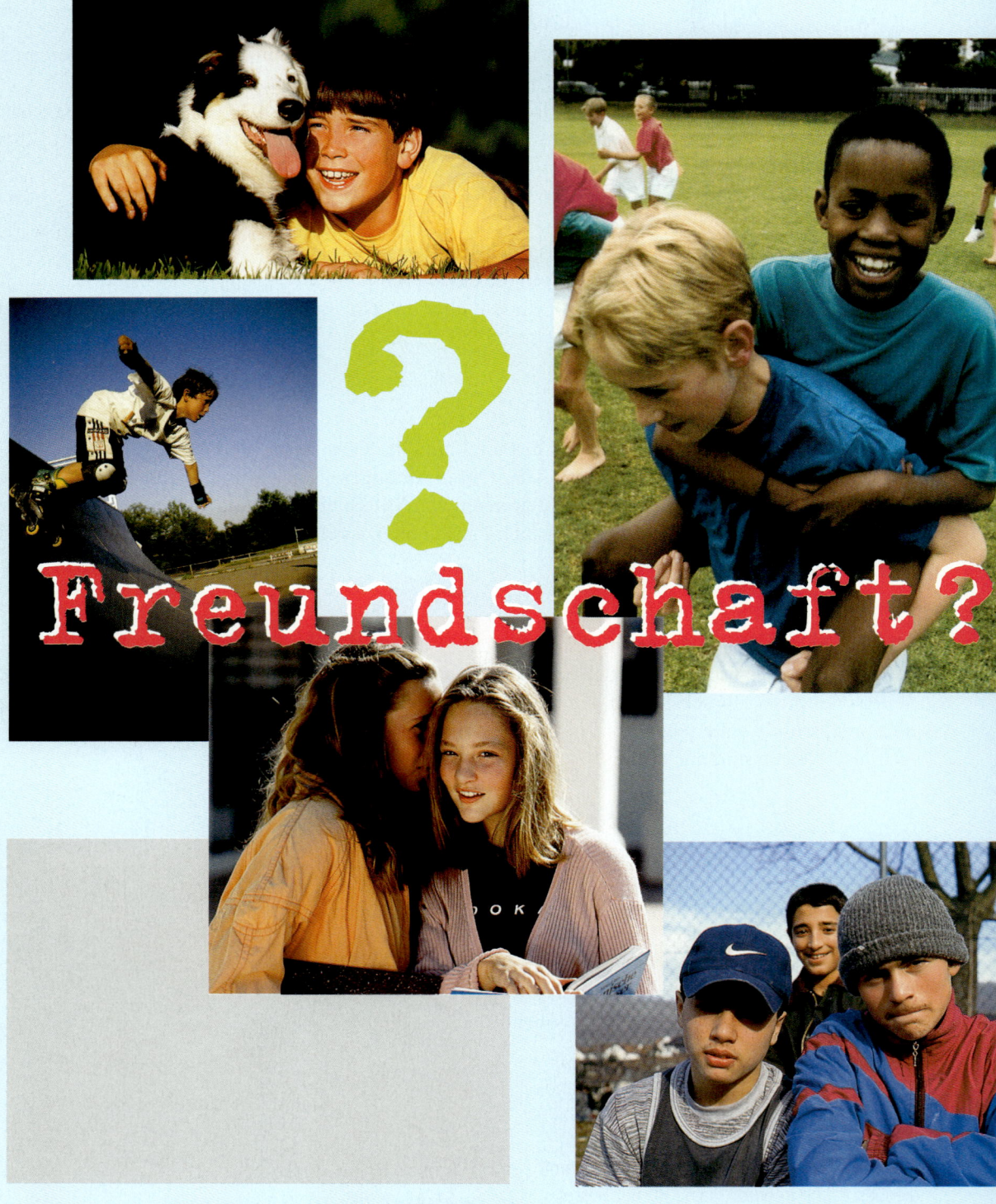

Freundschaft?

1. Beschreibt die Menschen auf diesen Bildern. Was tun sie gerade? Wie wirken sie auf euch (zufrieden, ärgerlich …)? Was könnten sie jeweils fühlen, denken oder sagen?

In unserer letzten Ausgabe hatten wir euch
drei Fragen zum Thema **Freundschaft** gestellt:

Freundschaft

- Was ist **Freundschaft**?
- Was ist das Schöne an einer **Freundschaft**?
- Welche Probleme können in einer **Freundschaft** entstehen?

Hier sind einige Antworten, die ihr uns geschickt habt:

Manche Sachen machen allein nicht so Spaß, z. B. ins Kino gehen oder Inliner fahren. Da ist es viel schöner, wenn man einen Freund oder eine Freundin dabei hat. **Tobias**

Wenn man einen guten Freund oder eine gute Freundin hat, ist irgendwie alles schöner: Wenn man gut drauf ist, ist es schöner, wenn jemand dabei ist, und wenns einem mal nicht so gut geht, hat man jemand, der einem da wieder raus helfen kann. **Anja**

Freundschaft ist, wenn man immer zusammen ist und sich alles sagen kann. **Dennis**

Eine Freundschaft kann auch anstrengend sein. Eigentlich bin ich auch gern mal allein, zum Lesen oder einfach so. **Seran**

Ich habe einen sehr guten Freund, wir machen sehr viel zusammen. Aber immer, wenn andere dabei sind, wird er so angeberisch. Und kümmert sich eigentlich mehr um die anderen als um mich. **Ahmet**

Freundschaft ist wie chinesisches Essen – manchmal süß und manchmal sauer. **Monika**

Ich finde, es ist ein Problem, wenn der eine in einer Freundschaft immer alles bestimmen will. **Barbara**

2. Welche der Antworten passen zu welchen der drei Fragen?

3. Formuliert in Partnerarbeit zu jeder Frage eine eigene Antwort.

4. Wenn ihr eine Umfrage machen würdet, welche Fragen würdet ihr zu dem Thema „Freundschaft" stellen? Sammelt die Fragen als Redaktionsteam und versucht, sie zu beantworten.

5. Übertragt das Wortbild in euer Heft und baut daran weiter, oder erstellt ein eigenes Wortbild zum Thema „Freundschaft".

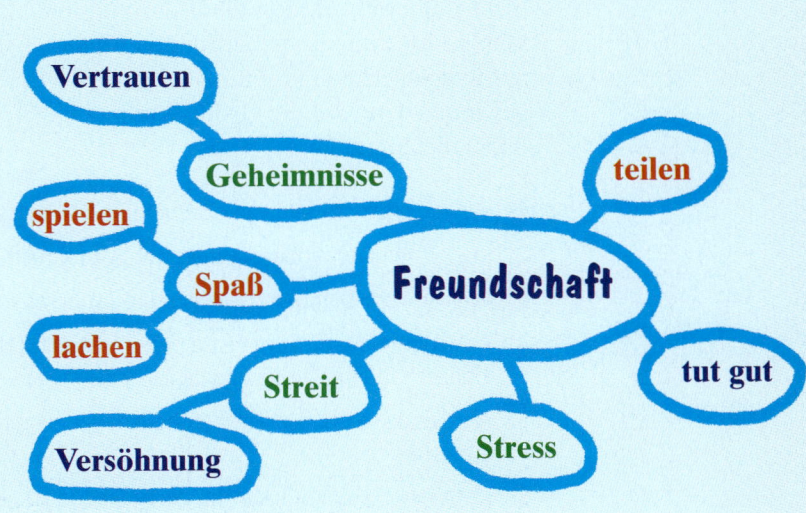

Ein Freund – wie sollte der denn sein?

Abschied von der kleinen Eule

Früher war der kleine Zauberer stets vergnügt und guter Dinge. Aber jetzt ist er manchmal traurig. Dann setzt er sich an den Bach, lässt Blätter schwimmen und denkt so vor sich hin. Die Äpfel sind reif, denkt er, und ich habe niemanden, mit dem ich einen Apfel teilen könnte. Die Pilze wachsen im Wald, aber da ist keiner, der sich mit mir darüber freut. Und er stellte sich vor, wie schön es wäre, wenn er einen Freund hätte.

„Willst du mein Freund sein?", fragte er einen Jungen, der des Weges kam.

„Ich habe schon einen Freund, der heißt Otto – klar?", sagte der Junge und ging vorbei. So fragte der kleine Zauberer den Fuchs, die Kuh und die Ziege. Aber alle hatten schon einen Freund.

„Auch gut!", dachte der kleine Zauberer ärgerlich. „Dann werde ich mir einen Freund zaubern." Und er erhob den Zauberstab und tat den Spruch. Dann machte er schnell die Augen ein bisschen zu, wegen der Überraschung, und als er sie wieder öffnete, saß neben ihm eine winzige Eule.

„Beim Hokuspokus!", rief der kleine Zauberer überrascht. „Ich hatte mir einen Freund etwas größer vorgestellt!"

„Einen Freund kann man überhaupt nicht zaubern", erklärte die Eule, und sie klappte ihre wurstscheibenrunden Augen auf und zu. „Einen Freund muss man gewinnen. Und auf die Größe kommt es dabei nicht an."

Da bemühte sich der kleine Zauberer, die Freundschaft der winzigen Eule zu gewinnen. Sie sangen miteinander, der kleine Zauberer trug die Eule auf seiner Schulter spazieren und nachts im Mondschein tanzten sie manchmal ein Tänzchen. Dabei musste der kleine Zauberer natürlich furchtbar aufpassen, dass er der Eule nicht auf die Füße trat.

Ja, und eines Tages waren sie wirklich Freunde geworden, und das war sehr schön. Aber da geschah es, dass sie in einen goldenen Buchenwald kamen. „Schau nur", schrie plötzlich die winzige Eule und sie zeigte auf eine dunkle Höhle in einem Baum. „Da will ich wohnen!"

„Aber", sagte der kleine Zauberer, „du kannst mich doch nicht verlassen. Du bist mein Freund."

„Ja", antwortete die Eule und schon war sie in die Baumhöhle geschlüpft, „aber ich bin eine Eule, und eine Eule muss in einem Baum wohnen, das war schon immer so! Bitte, erlaube es mir!"

Wenn man seinen Freund wirklich lieb hat, dachte der kleine Zauberer, dann muss man ihm helfen, dass er glücklich ist. Und er schenkte der Eule zum Abschied eine weiße Blume.

Aber jeden Monat einmal besuchte der kleine Zauberer die winzige Eule. Und so sind sie für immer Freunde geblieben.

Gina Ruck-Pauquèt

1. Warum vermisst der kleine Zauberer manchmal einen Freund?

2. In welchen Situationen ist man froh, wenn man einen Freund hat? Sammelt Beispiele.

3. Welche Vorstellungen hat der kleine Zauberer von einem Freund?

4. Angenommen, du könntest dir eine Freundin oder einen Freund zaubern, welche fünf Eigenschaften sollte sie bzw. er unbedingt haben, welche fünf auf keinen Fall?

5. Als der kleine Zauberer seinen neuen Freund zum ersten Mal sieht, ist er zunächst enttäuscht. Warum?

6. Der kleine Zauberer versucht, einen Freund zu gewinnen. Was würdest du tun, um einen Freund zu gewinnen? Wo gibt es für dich Grenzen?

Ein guter Freund, eine gute Freundin

… hat immer Zeit für mich, wenn ich ihn/sie brauche.

… sieht einigermaßen gut aus.

… hört zu, wenn ich etwas erzähle.

… erklärt mir, wenn ich etwas nicht verstehe.

… sollte in der Schule nicht so schlecht sein.

… trägt coole Klamotten.

… ist witzig.

… gibt nicht vor mir an, wenn er/sie etwas besser kann.

… hält zu mir, wenn andere gegen mich sind.

… hat Geld, dass ich nicht immer für uns beide bezahlen muss.

… ist nicht sofort beleidigt, wenn ich nicht gleicher Meinung bin.

… interessiert sich für die gleichen Dinge wie ich.

… hat keine anderen Freunde so gern wie mich.

… verträgt sich schnell wieder mit mir, wenn wir gestritten haben.

… ist mutig und stark, um mich beschützen zu können.

… erzählt ein Geheimnis nicht weiter.

… sagt mir, wenn ich etwas falsch gemacht habe.

…

Meine Freundin, mein Freund darf aber auch

… altmodische Kleider haben.

… nicht sehr klug sein.

… ungeschickt sein.

… schüchtern sein.

… gerne streiten.

… dick sein.

… schmutzig sein.

… ängstlich sein.

… arm sein.

… angeberisch sein.

… ganz andere Interessen haben als ich.

… schwach sein.

… schnell beleidigt sein.

…

1. Wie soll ein guter Freund/eine gute Freundin sein? Einigt euch in Kleingruppen auf eine Reihenfolge entsprechend der Wichtigkeit der genannten Eigenschaften. Findet ihr noch weitere?

2. Ein Freund kann aber auch Eigenschaften haben, die nicht so gut sind. Was kann ich bei einem Freund ertragen? Einigt euch in Kleingruppen auf eine Reihenfolge: Ganz oben, was ihr noch ertragen könnt, ganz unten, was ihr nur schwer ertragen könnt.

Für eine Freundschaft muss man was tun

Baustelle „Freundschaft"

1. Ihr seid auf der Baustelle „Freundschaft". Damit das „Haus der Freundschaft" entstehen kann, braucht man verschiedene Bauteile. Zeichne das Haus in dein Heft und beschrifte die einzelnen Teile mit Begriffen, die Freundschaft entstehen lassen können. Was ist das Fundament einer Freundschaft? Was hält Freundschaft zusammen? Was gibt der Freundschaft Energie?

   Wenn du willst, kannst du dich und deinen besten Freund oder deine beste Freundin als Bewohner in die Fenster zeichnen.

2. Sammelt die Begriffe und erstellt mit allen Freundschaftsbauteilen ein großes Freundschaftshaus an der Tafel.

Freunde erfinden gerne Zeichen oder Symbole für ihre Freundschaft

Zwei Freunde im alten Griechenland nehmen Abschied voneinander. Sie nehmen eine kleine Tonscheibe und brechen sie in zwei Stücke. Jeder nimmt eine Hälfte, bohrt ein kleines Loch hindurch und hängt sich das kleine Tonstück an einem Lederbändchen um den Hals. Nur sie wissen, dass die Tonstückchen ein Zeichen für ihre Freundschaft sind. Auf der ganzen Welt gibt es nur das eine Gegenstück zu jeder Hälfte. Jeder weiß, dass er den Freund lange nicht sehen wird. Während der Trennung nehmen beide oft ihre Hälfte in die Hand und denken an den anderen. Nach langer Zeit treffen sich die Freunde wieder: Bei einer Schale Wein setzen sie die Tonstücke wieder zusammen. Ihre Freundschaft hat die Trennung überdauert.

1. Trennungen sind für Freundschaften oft eine Bewährungsprobe. Nennt Gründe, warum Abschiede zum Zerbrechen von Freundschaften führen können.

2. Auch bei uns haben Freunde oft Erkennungszeichen, die ihre Freundschaft zeigen. Sammelt in Partnerarbeit Beispiele.

3. Wenn ihr wollt, könnt ihr auch ein Freundschaftszeichen herstellen.
   a. Freundschaftsketten: Nehmt einen würfelgroßen Klumpen selbsthärtenden Ton, rollt ihn zu einer Kugel und drückt diese dann rund und flach. Teilt die Tonscheibe dann in einer Zackenlinie mit einem Messer. Stecht mit einem Bleistift in jede Hälfte ein kleines Loch und zieht jeweils ein Lederbändchen durch. Wenn ihr wollt, könnt ihr eine Kette einem guten Freund oder einer guten Freundin schenken. Es ist dann das Geheimzeichen für eure Freundschaft.
   b. Freundschaftsbändchen: Auch Bändchen um das Handgelenk können Zeichen für Freundschaft sein. Nehmt drei Wollfäden oder Perlgarn und flechtet ein Freundschaftsbändchen. Schenkt es einem Freund oder einer Freundin als Zeichen für eure Freundschaft.

4. Auch eine Geheimsprache oder eine Geheimschrift kann ein Zeichen für eine Freundschaft sein.
   Wer kann diesen Geheimschrift-Code knacken? Erst nachdenken, dann nachlesen!

   ## 4 JVIYRHI LEPXIR DYWEQQIR

   Die Zahl 4 bedeutet, dass alle Buchstaben der Geheimschrift um 4 Stellen nach links rücken. Schneide aus kariertem Papier zwei lange schmale Streifen und schreibe auf jeden das komplette Alphabet (1 Kästchen = 1 Buchstabe). Lege die Streifen so untereinander, dass das A des oberen Streifens über dem fünften Buchstaben des unteren Streifens liegt. Das E der Geheimschrift wird also zum A, das F zum B usw. Wie lautet die Botschaft?

5. Erfindet zu zweit einen neuen Geheimschrift-Code und verschlüsselt damit einen Satz, der etwas über gute Freundschaft aussagt.

Freunde streiten und versöhnen sich

Nie wieder mit Lea!

Steffi kommt aufgeregt von der Schule nach Hause. Mutter fragt: „Was ist passiert?" Steffi schimpft: „Die Lea ist nicht mehr meine Freundin. Ich spiele nie wieder mit ihr. Wir haben uns so gestritten."

Mutter wundert sich, denn Steffi und Lea sind sonst unzertrennlich. „Ach", sagt die Mutter beruhigend zu Steffi, „ihr werdet euch schon wieder vertragen. Auch die besten Freunde streiten sich mal. Man kann nicht immer nur in Harmonie leben.
Aber es ist wichtig, dass man sich dann wieder versöhnt."

Steffi schüttelt den Kopf: „Nie im Leben vertrage ich mich mit Lea wieder!"

In den nächsten Tagen trifft sich Steffi oft mit anderen Klassenkameraden. Aber sie ist bedrückt. Lea fehlt ihr. Wenn sie sich in der Schule sehen, weichen sie einander aus. Steffi tut das weh. Sie weiß schon gar nicht mehr, wer eigentlich schuld an dem Streit war. Aber sie bringt es nicht über sich, auf Lea zuzugehen.

Eines Nachmittags spielt Steffi mit einigen Nachbarskindern im Schulhof Tischtennis. Da sieht sie Lea, die in einiger Entfernung mit dem Rad herumkurvt. Schnell holt Steffi ihr eigenes Fahrrad. Sie trifft Lea an der Straßenecke.

„Hallo", sagt Lea. „Hallo", antwortet Steffi. Ohne weiter miteinander zu reden, fahren sie nebeneinander her. Beim Spielplatz steigen sie von den Rädern und setzen sich auf die Wippe. Steffi muss lachen, Lea auch. „Kommst du mit zu mir?", fragt Steffi. „Ich habe zwei neue CDs." Lea sagt: „Aber immer."

1. „Auch die besten Freunde streiten sich mal." – Sammelt in Partnerarbeit Streitpunkte, die auch die besten Freunde mal entzweien können.

2. Steffi würde sich gern wieder mit Lea vertragen. Warum fällt es ihr so schwer, einfach auf sie zuzugehen?

3. Welche Möglichkeiten kennt ihr, wie man sich nach einem Streit wieder versöhnen kann?

4. Warum ist es oft so schwer, den ersten Schritt zu tun?

5. Freundschaften können auch zerbrechen. Überlegt euch in Partnerarbeit Situationen, in denen auch eine gute Freundschaft auseinander gehen kann.

Nenad hat zum Geburtstag ein neues Mountainbike geschenkt bekommen. Vorsichtig dreht er auf der Straße eine erste Runde. Es sieht supertoll aus, wie es so in der Sonne glänzt und funkelt. Nenad ist stolz und freut sich sehr. Da kommt Mike, sein bester Freund. „Lass mich auch mal fahren", sagt Mike. „Ich mach gleich mal einen Härte-test in der lehmigen Baugrube." Nenad antwortet: „Du bekommst das Rad nicht. Erstens will ich nicht, dass es gleich schmutzig wird, und zweitens gibst du auf meine Sachen sowieso nicht Acht." Mike wird wütend. „Weißt du was? Du kannst mir mit deinem blöden Kinderrad den Buckel runterrutschen. Ich gehe und deinen Geburts-tag kannst du alleine feiern."

Nadeschda kann wegen Windpocken nach den großen Ferien erst zwei Wochen später in die Schule gehen. Als sie sich wie in jedem Schuljahr neben ihre beste Freundin Esther setzen will, sieht sie, dass da schon Katrin sitzt. „Du bist mir ja eine schöne Freundin", schreit Nadeschda Esther an. „Kaum bin ich mal zwei Wochen nicht da, hast du schon jemand anderes neben dir sitzen. Auf so eine Freundin kann ich ver-zichten!"

Anna-Lisa hat strenge Eltern. Allein darf sie noch nicht in die Schülerdisco – nur zu-sammen mit ihrer Freundin Leonie. Anna-Lisa hat mit Leonie ausgemacht, dass sie von ihr um 16 Uhr abgeholt wird. Anna-Lisa hat sich schick gemacht und wartet. Aber Leonie kommt nicht. Anna-Lisa ruft bei Leonie an und erfährt, dass diese schon lange fort ist. Am nächsten Tag schwärmen die Klassenkameraden von der tollen Disco. Als Anna-Lisa Leonie anspricht, antwortet sie: „Ach, stell dich doch nicht so an. Du bist doch kein Baby. Du wirst doch einmal allein zur Disco gehen können." Anna-Lisa ist von Leonie enttäuscht und will mit ihr nichts mehr zu tun haben.

Yasin freut sich. Er hat die 80 Euro zusammen und kann sich endlich den tragbaren CD-Player kaufen. Stolz nimmt er ihn mit auf den Spielplatz und führt ihn seinem Freund Patrick vor. Patrick reagiert nicht so begeistert, wie Yasin es erwartet hat. Als Yasin am nächsten Tag wieder auf den Spielplatz kommt, hört er schon von weitem laute Musik. Als er näher kommt, sieht er, dass Patrick da ist, mit einem neuen Getto-blaster, fast doppelt so groß und viel lauter als Yasins CD-Player. „Bleib mir bloß mit deinem Pampers-Player fort!", ruft ihm Patrick entgegen. „Meine Eltern haben mir ein viel tolleres Gerät gekauft." „Du bist der größte Neidhammel, den ich kenne", empört sich Yasin. „Kannst du es nicht ertragen, dass ich etwas habe, was du nicht hast? Musst du immer alles größer und schöner haben als ich? Und ich dachte immer, Freunde freuen sich auch über das, was der andere hat. Aber du bist mein Freund *gewesen*."

1. Bearbeitet in Kleingruppen jeweils eines der Fallbeispiele unter diesen Aufgabenstellungen:

   a) Schreibt auf, worum es in dem Streit jeweils geht.

   b) Wie könnte es zu einer Versöhnung kommen? Notiert eure Vorschläge.

   c) Spielt ein Gespräch zwischen den Zerstrittenen.
      – Es kommt zu einer Klärung, aber nicht zu einer Versöhnung.
      – Es kommt zu einer Versöhnung, ohne dass einer ganz nachgeben muss.

   d) Stellt eure Ergebnisse den anderen vor.

Freunde helfen

Ich möchte dein Freund sein

Ich biete dir meine Freundschaft an, ohne Bedingungen.

Zu mir kannst du immer kommen: Wenn es dir gut geht, freue ich mich mit dir. Wenn es dir schlecht geht, kann ich dir vielleicht helfen – wenn du mich lässt. Ich habe immer Zeit für dich. Auch mitten in der Nacht. Mir kannst du alles sagen. Geheimnisse sind bei mir gut aufgehoben.

Auch wenn du mal Mist machst, stehe ich zu dir. Und wenn du es dir mit all deinen Freunden verdorben hast, ich bleibe dein Freund. Ich weiß, dass du vieles gut machst.

Mir brauchst du nichts vormachen. Du kannst bei mir so sein, wie du bist. Als dein Freund mache ich dich vielleicht auf ein paar Schwächen und Fehler aufmerksam – aber nur, weil ich dir helfen will. Wenn du mal fortgehst, warte ich auf dich. Und wenn du zurückkommst, bin ich da.

Gerne berate ich dich bei schwierigen Entscheidungen.

Mit mir kannst du auch gut streiten. Ich weiß offene Worte zu schätzen und bin nicht beleidigt. Zur Versöhnung bin ich immer bereit.

Also, wenn du mich zum Freund haben willst: Sag es mir. Ich freue mich.

Unterschrift: 1 KFTVT

1. Möchtest du einen solchen Freund haben?

2. Was ist das Besondere an diesem Freundschaftsangebot?

3. Wenn du das Angebot annehmen willst, kannst du ein Freundschaftsannahmegebet formulieren und es einfach mal ausprobieren.

Der Gelähmte und seine Freunde

Es gab einmal fünf Männer, die waren seit ihrer Kindheit die besten Freunde. Wenn einer Sorgen hatte, halfen ihm die anderen, und wenn einer etwas besonders Schönes erlebt hatte, freuten sich die anderen mit ihm. Nun passierte es, dass einer von den fünf Freunden, der in einem Steinbruch arbeitete, einen schweren Unfall hatte und von da an gelähmt war. Er konnte sich ohne fremde Hilfe nicht mehr bewegen.

Die Freunde waren ganz verzweifelt. Diesmal konnten sie nicht helfen. Ihr gelähmter Freund zog sich immer mehr zurück, und oft sagte er, dass er am liebsten tot wäre.

Da hatte einer der Freunde eine Idee. „Hört mal her", sagte er. „Jesus ist doch heute in unserer Stadt. Jesus hat schon vielen Verzweifelten geholfen. Vielleicht kann er auch uns helfen."

Ihr Freund wollte nicht so recht. „Mir kann keiner mehr helfen", sagte er, „auch kein Jesus. Und außerdem kennt der mich ja gar nicht." „Ach was", entgegneten die anderen. „Jesus sagt, er will der Freund aller Menschen sein." Vorsichtig legten die Freunde den Gelähmten auf eine Trage, packten kräftig an und machten sich auf den Weg zu dem Haus, in dem sich Jesus aufhielt. Doch die Menschenmenge war so groß, dass sie sich unmöglich durchdrängen konnten. Kurz entschlossen stiegen sie auf das Dach, deckten die Ziegel ab und ließen ihren gelähmten Freund auf seiner Trage durch die Öffnung zu Jesus hinunter. Als Jesus dies sah, freute er sich, dass es den Männern so wichtig war, ihrem armen Freund zu helfen. Er trat zu ihm hin und sprach: „Nimm deine Trage und geh nach Hause!" Und der Mann stand auf, nahm seine Trage und ging mit seinen Freunden nach Hause. Dabei dankten sie Gott für dieses Wunder.

nach Markus 2,1–12

4. Beschreibt die Freundschaft der fünf Freunde vor und nach dem Unfall.

5. Warum zieht sich der Gelähmte von seinen Freunden zurück?

6. In einer Freundschaft sollte man den Willen seines Freundes respektieren. Die Freunde bringen den Gelähmten gegen seinen Willen zu Jesus. Wie beurteilt ihr diese Entscheidung?

7. Was bedeutet die Heilung für den Gelähmten und für seine Freunde?

1. Betrachtet das Bild in Ruhe. Was gefällt euch, was stört euch?

2. Beschreibt die verschiedenen Figuren: Welche Haltung nehmen sie ein? Welche Gefühle drücken die Gesichter aus? Wie sind sie gekleidet? Wie haben sie sich zueinander gestellt?

3. In dem Raum befinden sich neben Jesus und dem Gelähmten vier Gruppen von Menschen: Freunde des Gelähmten, Freunde von Jesus, Gegner von Jesus und neutrale Beobachter. Ordnet die einzelnen Personen diesen Gruppen zu.

4. Was könnten die verschiedenen Personen gerade denken? Formuliert für jede Gruppe stellvertretend einen Gedanken.

5. Der Gelähmte und seine Freunde gehören zusammen. Woran erkennt man diese Zuammengehörigkeit?

6. „Freunde helfen." Erklärt diese Aussage anhand des Bildes. Sammelt eigene Beispiele dafür.

Mal ganz ehrlich!

HAST DU DAS TOR MIT DER HAND ERZIELT?

Benjamin (11 Jahre) wurde das Fahrrad gestohlen. Die Versicherung fragt an, ob das Fahrrad abgeschlossen war, denn sonst besteht kein Versicherungsschutz. Das Fahrrad war nicht abgeschlossen. Doch außer Benjamin weiß das ja keiner.

Lea will mit ihren Freundinnen ins Kino. Der Film ist ab 16 Jahren freigegeben. Lea ist die Einzige, die noch 15 ist. Die Kassiererin fragt sie nach ihrem Alter.

Timo war als Siebzehnjähriger in eine Schlägerei verwickelt gewesen. Es kam zu einer Gerichtsverhandlung. Timo wurde wegen Körperverletzung zu einer Geldstrafe verurteilt. Nun ist Timo 22 Jahre alt und bewirbt sich um eine Stelle als KFZ-Mechaniker. Das Vorstellungsgespräch ist gut gelaufen und es sieht so aus, als wenn Timo die Stelle bekommen wird. Beim Hinausgehen fragt der Personalchef: „Ach übrigens, mit der Polizei haben Sie doch noch nichts zu tun gehabt? Da haben wir nämlich schlechte Erfahrungen."

Die Klasse 6b musste einen Hausaufsatz schreiben, der wie ein richtiger Aufsatz benotet wurde. Christina, die im ersten Diktat eine Fünf geschrieben hatte, ließ sich den Aufsatz von ihrem älteren Bruder schreiben. Bei der Rückgabe sagt die Lehrerin: „Christina, deine Arbeit ist super. Aber sag mal ehrlich: Hast du diesen Aufsatz wirklich selbst geschrieben?"

Simone lernt in einem großen Kaufhaus Verkäuferin. Zur Zeit bedient sie in der Damenabteilung. Eine Kundin, die gerade ein Kleid anprobiert, sagt zu Simone: „Das Kleid gefällt mir eigentlich sehr gut. Was meinen Sie denn dazu?" Simone findet, dass das Kleid der Kundin überhaupt nicht steht. Allerdings muss sie auch auf den Umsatz achten.

Marlene muss noch mal in die Umkleidekabine zurück. Als sie in der Kabinentür steht, sieht sie, wie ihre beste Freundin Jessica blitzschnell einen Geldbeutel aus der Tasche nebenan im eigenen Sportbeutel verschwinden lässt. Jessica bemerkt erst etwas später, dass Marlene zurückgekommen ist, und weiß nicht, dass Marlene sie gesehen hat.
Am nächsten Tag berichtet die Klassenlehrerin, dass im Sportunterricht ein Geldbeutel mit viel Geld gestohlen wurde. Sie fragt in der Klasse, ob jemand etwas gesehen hat.

1. Beschreibt die Situation in der Bildgeschichte. Welche Möglichkeiten hat der Junge, auf die Frage des Schiedsrichters zu antworten?
Welche Folgen haben die Antworten jeweils für den Jungen und seine Mannschaft, für die gegnerische Mannschaft?

2. Wie würdet ihr euch in den jeweiligen Situationen verhalten? Diskutiert darüber in Kleingruppen.

3. Sammelt Situationen, in denen ihr einmal gelogen habt, und Situationen, in denen ihr schon einmal angelogen worden seid.

4. Bearbeitet in Kleingruppen die folgenden Aufgaben:
   a) *Man sollte die Wahrheit sagen, denn Wahrheit schafft Vertrauen.* Sammelt Beispiele dafür. Nennt Situationen, in denen es wichtig ist, die Wahrheit zu sagen, auch wenn diese weh tut.
   b) *Man sollte die Wahrheit verschweigen, denn Wahrheit kann zu sehr verletzen.* Sammelt Beispiele dafür. Nennt Situationen, in denen man die Wahrheit lieber verschweigt, weil sie ein Mensch in diesem Augenblick nicht ertragen kann.
   c) *Man kann sich auch selber anlügen!* Sammelt Beispiele für diesen Satz.

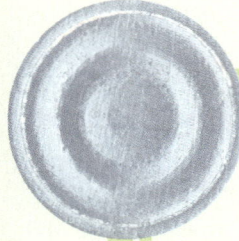

In der Zwickmühle

Als Jessica von der Schule nach Hause kommt, fragen die Eltern sofort nach dem Diktat. „Eine Drei", antwortet Jessica. Die Eltern sind zufrieden. „Das Arbeitsheft ist aber in der Schule. Wir haben die Verbesserung gemacht, und dann wurden die Hefte sofort wieder eingesammelt." Als die Mutter in der Schultasche nachsieht, findet sie das Diktat. Jessica hat eine Fünf.

Die Eltern schimpfen. Sie sagen, dass sie sich nicht wegen der schlechten Arbeit aufregen. Eine schlechte Note kann schließlich jeder mal schreiben. Aber dass Jessica sie anlügt, das sei schlimm und eine ganz große Enttäuschung.
Jessica hat aus Angst gelogen. Ihre Eltern sind sehr streng, und schlechte Noten wurden bisher immer bestraft – meistens mit Ohrfeigen. Jessica versteht nicht, warum diesmal eine Fünf nicht so schlimm sein soll. Jessica bekommt Hausarrest, weil sie gelogen hat. Sie muss das Diktat verbessern und zehnmal in Schönschrift abschreiben.

Während Jessica verschüchtert mit der Verbesserung beginnt, warten die Eltern auf Herrn König. Herr König will eventuell das alte Motorrad ihres Vaters kaufen. Das Motorrad sieht optisch noch sehr gut aus, allerdings hatte der Vater vor kurzem einen Unfall damit gehabt. Nachdem es repariert und neu lackiert wurde, sieht man davon jedoch nichts mehr. Vor allem sieht man nicht, dass seitdem der Rahmen verzogen ist. Vater hofft, dass Herr König nichts bemerkt, denn ein Motorrad mit Unfallschaden würde er bestimmt nicht kaufen.

Herrn König gefällt das Motorrad sehr gut. Er ist ganz begeistert. Dies wird seine erste Maschine sein. Der Vater erzählt ihm, wie gut sie noch ist und dass er sie nur verkauft, weil er das Geld für einen Kombi braucht.

Während Vater im Nebenzimmer nach dem Kaufvertrag sucht, setzt Mutter in der Küche Kaffeewasser auf. Jessica ist mit Herrn König allein. „Ach übrigens", fragt Herr König, „hat die Maschine eigentlich schon einmal einen Unfall gehabt?" Jessica erschrickt. Was soll sie antworten?
Jessica schüttelt den Kopf. „Nein, nicht dass ich wüsste."
Der Mann ist zufrieden und kauft das Motorrad.

Vater ist sehr gut gelaunt. Endlich sind sie den alten Bock los. Und eine hübsche Summe hat das Motorrad auch noch eingebracht. „Was habt ihr vorhin eigentlich miteinander gesprochen?", will Mutter von Jessica wissen. „Der Mann hat mich gefragt, ob das Motorrad einen Unfall hatte", sagt Jessica. Und, was hat Jessica geantwortet?

Jessica sagt: „Ich habe geantwortet, nein, nicht dass ich wüsste." Die Mutter lobt Jessica. Das war genau richtig. Auch Vater ist sehr zufrieden mit Jessica. Er meint, sie hätte eine Belohnung verdient. Jessica braucht die Verbesserung nicht fertig zu machen und darf sofort draußen spielen.

Jessica versteht das nicht. Sie hat doch wieder gelogen. Sie weiß, dass das Motorrad einen Unfall hatte. Und die Eltern haben doch auch gelogen.
Kann es einmal richtig sein, die Wahrheit zu sagen, und ein anderes Mal nicht?

1. Wie beurteilt ihr das Verhalten der Eltern? Warum finden sie es beim einen Mal schlimm, dass Jessica lügt, und loben sie beim anderen Mal dafür?

2. Kann es einmal richtig sein, die Wahrheit zu sagen, und ein anderes Mal nicht? – Was meint ihr dazu?

3. Kennt ihr ähnliche Beispiele aus eurem Leben, wo ihr auf gleiches Verhalten ganz unterschiedliche Reaktionen erfahren habt?

4. Als Herr König sie nach Unfallschäden fragt, welche Möglichkeiten hat Jessica zu antworten? Spielt die einzelnen Gesprächs-situationen.

5. Welche Folgen könnten diese Möglich-keiten für die einzelnen Beteiligten (Jessica, Herr König, Eltern) jeweils haben? Stelle dies in einem Schaubild dar.

JESSICA

Ja!

Mann kauft das Motorrad nicht.

Folgen für Jessica/Mann/Eltern

Ich weiß nicht.

Nein!

Warum sagen Menschen manchmal nicht die Wahrheit?

1 Milena sagt zur neuen Mitschülerin: „Letzten Sommer waren wir drei Wochen am Mittelmeer." (Sie war noch nie im Ausland in den Ferien.)

2 Alle lachen über Lucys neues Shirt. Da sagt Julian: „Was wollt ihr eigentlich? Ich finde das Shirt echt spitze!" (Er findet das Shirt nicht besonders.)

3 Die 6b hat Schwimmen. Ein Freund fragt Fabian: „Woher hast du denn die blauen Flecken?" Fabian antwortet: „Ich bin gefallen." (Sein Vater hatte ihn verprügelt.)

4 „Weiß jemand, wer aus der Umkleide den Geldbeutel gestohlen hat?", fragt die Lehrerin nach der Sportstunde. (Marlene meldet sich nicht, obwohl sie es weiß.)

5 Julian sagt: „Ich war bei Christoph, wir haben den ganzen Nachmittag für die Schule gelernt." (Sie waren im Kino.)

6 Meike sagt zu ihren Freundinnen: „Ich habe für die Prüfung nichts vorbereitet." (Sie hat sich sehr gut vorbereitet.)

7 Die Tochter sagt zu ihrer Mutter im Krankenhaus: „Wenn du weiter solche Fortschritte machst, kommst du bald wieder nach Hause." (Die Tochter weiß, dass die Mutter unheilbar krank ist.)

8 Der blinde Isaak will seinen ältesten Sohn Esau segnen. Er fragt den Hereinkommenden: „Wer bist du, Esau oder Jakob?" Dieser antwortet: „Ich bin dein ältester Sohn Esau." (Es ist Jakob, der jüngere Bruder, als Esau verkleidet.)

9 Jörg sagt zu Timo: „Gestern habe ich deinen Vater gesehen. Der war ja wieder ganz schön betrunken." Timo antwortet: „Das kann nicht sein, mein Vater trinkt nicht." (Timos Vater ist Alkoholiker.)

10 Lehrer: „Wer hat dies verstanden?" Boris meldet sich wie alle anderen. (Er hat nichts verstanden.)

1. Was meint ihr: Welches sind die drei schlimmsten, welches die drei harmlosesten Lügen?

2. Warum lügen die Menschen jeweils in den einzelnen Situationen? Sammelt Gründe.

Warum lügen Menschen manchmal?

Um einen eigenen Vorteil zu haben

Um anzugeben

Aus Angst

DU WIRST BALD WIEDER GESUND.

UNHEILBAR KRANK...

Aus Liebe

1. Ordnet diese vier Gründe, warum Menschen manchmal lügen, den einzelnen Fallbeispielen auf der linken Seite zu.

Fall 1

WAHRHEIT: Ich war nicht in Urlaub.

MÖGLICHE FOLGEN:
• neue Schülerin denkt: Ist die langweilig
  ➟ sucht sich andere Freundin
• neue Schülerin findet das gut (sie war auch nicht in Urlaub) und freundet sich mit ihr an

LÜGE: Ich war drei Wochen am Mittelmeer.

MÖGLICHE FOLGEN:
• neue Schülerin findet das interssant
  ➟ freundet sich mit ihr an
• andere Schüler erzählen die Wahrheit, die Lügnerin ist blamiert

2. Welche Folgen können Lügen oder die Wahrheit sagen in den einzelnen Situationen haben? Erstellt in Kleingruppen für die einzelnen Fallbeispiele Flussbilder nach nebenstehendem Schema.

• Gefühl, Unrecht getan zu haben;
• Angst, dass es herauskommt;
• Vertrauen missbraucht;
• glaubt nichts mehr;
• schlechtes
• Gewissen;
• enttäuscht;
• ...

3. Wie fühlt man sich, wenn man gelogen hat? Wie fühlt man sich, wenn man angelogen worden ist? Ordnet die Texte vom Notizzettel jeweils zu und ergänzt.

Warum ist es besser, die Wahrheit zu sagen?

Wer dreimal lügt …

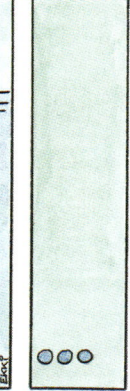

1. Erzählt die Geschichte. Formuliert zu jedem Bild einen Satz.

2. Welche Folgen könnte das ständige Lügen für den Jungen haben?

> Wenn wir einander nicht mehr vertrauen können, dann wird das Zusammenleben der Menschen in der Familie, in der Schule und im Freundeskreis schwierig. Das beschreibt auch ein Sprichwort:
>
> *Wer einmal lügt, dem glaubt man nicht, auch wenn er dann die Wahrheit spricht.*

3. Beschreibt mit eigenen Worten, was das Sprichwort sagen will, und sammelt Beispiele dafür.

4. Von diesen Menschen erwarte ich, dass sie mir die Wahrheit sagen:
   – Mein Arzt, weil …
   – Mein Freund/meine Freundin, weil …
   – …

So kann das Zusammenleben der Menschen gelingen

Das Volk Israel war von Gott aus der ägyptischen Gefangenschaft befreit worden. Jetzt gab Gott ihnen durch Mose auf dem Berg Sinai zehn Gebote, nach denen sie von nun an leben sollten. Diese Gebote sollen keine Befehle von Gott sein, sondern ein gutes Zusammenleben der Menschen ermöglichen. Sie gelten bis heute auch im Christentum:

I. Ich bin der Herr, dein Gott. Bete keine anderen Götter an.

II. Sprich den Namen Gottes mit Ehrfurcht aus.

III. Feiere den siebten Tag der Woche als meinen Tag.

IV. Sei gut zu deinem Vater und deiner Mutter.

V. Töte nicht.

VI. Bleibe dem Menschen treu, den du liebst.

VII. Stehle nicht.

VIII. Sage nichts Unwahres über andere Menschen.

IX. Gönne den Menschen, die sich lieben, ihr Glück und zerstöre es nicht, um es selbst zu haben.

X. Sei nicht neidisch auf das, was andere haben.

1. Was haltet ihr von diesen Regeln?

2. Diese Regeln sollen das Zusammenleben der Menschen erleichtern. Sucht für jede Regel Beispiele, die dies deutlich machen können.

3. Welches der Zehn Gebote beschäftigt sich mit dem Problem „Wahrheit und Lüge"?

   Martin Luther, der große Theologe, Bibelübersetzer und Reformator der Kirche, erklärt dieses Gebot:

   „Das Gebot bedeutet: Wir sollen Gott fürchten und lieben, dass wir unseren Nächsten nicht belügen, verraten, verleumden oder seinen Ruf verderben, sondern sollen ihn entschuldigen, Gutes von ihm reden und alles zum Besten kehren."

4. Überlegt, ob der Satz „Du sollst nicht lügen" dasselbe aussagt wie das entsprechende Gebot in der Bibel.

5. Lernt das Gebot mit Luthers Erklärung auswendig.

6. Schreibe das 8. Gebot und Luthers Erklärung mit deinen eigenen Worten auf, und zwar so, wie du es für unsere Zeit verständlich findest.

Immer die Wahrheit sagen?

Der Witz vom Pomuchelskopf

Wir waren bei meiner alten, zierlichen Tante Agnes zu Besuch und saßen in ihrer Laube. Die Erwachsenen erzählten Witze, die auch Kinder verstanden und vertrugen, und es wurde viel gelacht. Schließlich wandte sich mein Vater aufmunternd an seine Schwester: „Na, Agnes? Willst du nicht auch einen erzählen?"

„Ach Gott", meinte Tante Agnes zaghaft, „den vom Pomuchelskopf kennt ihr ja schon alle …"

„Aber nein!", riefen die Erwachsenen. „Und wenn, dann habe ich ihn vergessen!", sagte mein Vater. Und nur ich, der Achtjährige, krähte sieghaft und wissend: „Doch, doch! Du hast ihn uns ja erst vor acht Tagen erzählt!"

Tante Agnes wurde rot unter ihrem weißen Haar, aber mein Vater wurde ganz blass und alle wurden still. Niemand lachte mehr, und dann stand Tante Agnes unter dem Vorwand auf, neuen Kaffee holen zu müssen. Als sie fort war, erhob sich auch mein Vater. „Komm mal mit, mein Junge!", sagte er streng. Er führte mich in die Gartenecke, wo uns niemand sehen konnte, und gab mir eine sehr zornige und sehr kräftige Ohrfeige. Ich starrte meinen Vater fassungslos an, unter stummen Tränen aus großen Augen. Er hielt meinem Blick stand: „Du weißt, warum du die Ohrfeige bekommen hast?" Da geschah das Unerwartete: „Jawohl", sagte ich mit zitternder Stimme, aber aus festem und trotzigem Herzen. „Weil ich die Wahrheit gesagt habe, und ihr habt alle gelogen. Tante hat euch den Witz vom Pomuchelskopf schon zehnmal erzählt, und zu Hause habt ihr euch darüber lustig gemacht. Und jetzt …" Ich konnte nicht weiter. „Und jetzt", ergänzte mein Vater, „wirst du deiner Wahrheitsliebe wegen gehauen. Sonst wurdest du gehauen, wenn du gelogen hattest." Ich nickte. „Siehst du", begann der Vater behutsam, sehr behutsam, „Tante Agnes kennt nur diesen einen Witz. Es macht ihr große Freude, ihn zu erzählen, und viele Freuden hat sie nicht in ihrem armen Leben. Wenn sie ihn nicht erzählen darf, ist das schlimmer für sie, als es für dich ist, wenn du darüber lachst, obwohl du ihn schon kennst. Nicht wahr?" „Ja", sagte ich zögernd. „Aber man darf doch nicht lügen." Vater legte die Hand um meinen Nacken. „Gewiss, du bist wahr zu ihr gewesen. Aber du bist nicht lieb zu ihr gewesen. Das hat mich geärgert. Es kommt viel darauf an, wahr zu sein zu den Leuten. Aber es kommt alles darauf an, lieb zu sein zu den Leuten. Am besten ist man beides zusammen …, aber das geht nicht immer. Wir wollens jedenfalls beide versuchen, nicht wahr?"

Ich lief zur Laube zurück und sprudelte Tante Agnes, die den neuen Kaffee eingoss, meine erste Lüge entgegen. „Tante Agnes, erzähl mir doch bitte den Witz vom Pomuchelskopf noch mal! Eben habe ich ihn Vater erzählen wollen, und da habe ich gemerkt, dass ich ihn doch vergessen habe!" Tante Agnes ließ vor Schreck und Freude fast die Kanne fallen, das war meiner ersten Lüge und meiner ersten Liebe Lohn – und dann erzählte sie den Witz vom Pomuchelskopf.

Heute habe ich den Witz vom Pomuchelskopf wirklich vergessen. Aber die Ohrfeige und die Worte am Gartenzaun nicht und niemals.

Gerhart Herrmann Mostar

1. Der Junge sagt der Tante die Wahrheit. Hat er sich eurer Meinung nach richtig verhalten?

2. Der Vater bestraft den Jungen, weil er die Wahrheit gesagt hat. Warum macht der Vater das? Hat sich der Vater eurer Meinung nach richtig verhalten?

3. Liebe oder Wahrheit – was haltet ihr für wichtiger?

4. Sucht in Kleingruppen Beispiele dafür, wann man unter bestimmten Umständen auch einmal die Wahrheit verschweigen sollte. Die Bildgeschichte kann euch dabei helfen.

5. Man sollte immer die Wahrheit, aber man sollte die Wahrheit nicht immer sagen. Erklärt diesen Satz.

Wir alle legen Wert darauf, die Wahrheit zu erfahren. Wir spüren aber auch, dass Wahrheit verletzen kann. Sie kann weh tun. Ein wahres Wort kann richtig sein, erleichtern oder froh machen. Es kann aber auch niederschlagen oder traurig machen. Manchmal verschweigen deshalb Menschen aus Liebe gegenüber einem anderen Menschen die Wahrheit.

Lügen verzeihen?

Jan verrät seinen Freund

Jan und Erhan sind seit ihrer Grundschulzeit die besten Freunde. Auch nachdem Jan auf das Gymnasium gewechselt ist, treffen sie sich noch mehrmals in der Woche. Als Jan eines Tages mit einigen seiner neuen Klassenkameraden in der Stadt unterwegs ist, kommt ihnen zufällig Erhan entgegen. Gerade will Jan Erhan begrüßen, da ruft einer seiner neuen Freunde laut: „Achtung, Knoblauch-Angriff! Alles in Deckung!" Ein anderer sagt ebenfalls sehr deutlich: „Zum Aldi gehts in die andere Richtung." Und ein Dritter fragt Jan so, dass es auch Erhan mitbekommt: „Was guckt dich denn der Kümmel so komisch an? Kennst du den am Ende?" „Ach, was", entgegnet Jan, „ich hab doch nichts mit Türken zu tun."
Zu Hause ist Jan ganz verzweifelt. Er hat gelogen. Er hat seinen besten Freund verraten. Er hat Angst, dass er dies nicht wieder gut machen kann.

1. Warum lügt Jan?

2. Wie fühlt sich Jan? Wie fühlt sich wohl Erhan?

3. Jan ruft Erhan an und will ihm alles erklären. Spielt dieses Gespräch. Wie soll sich Erhan verhalten?

Petrus lügt

Petrus hatte es Jesus versprochen: „Und wenn ich mit dir sterben müsste", hatte er gesagt, „ich werde immer und vor allen Menschen bekennen, dass ich zu dir gehöre." Nun war Jesus von den Soldaten verhaftet worden. Ihm und seinen Anhängern drohte die Todesstrafe. Petrus war den Soldaten gefolgt, weil er wissen wollte, was mit Jesus passierte. Als Jesus im Haus des Hohepriesters verhört wurde, mischte sich Petrus im Hof unter die Menschen, die sich am Feuer wärmten. Da trat plötzlich eine Magd auf Petrus zu: „Du gehörst doch auch zu den Jesus-Leuten", sagte sie laut. Schon wurden einige Soldaten aufmerksam. Petrus bekam Angst. Er schüttelte den Kopf und antwortete: „Was redest du da? Ich hab keine Ahnung, was du meinst." Schon kamen Soldaten auf Petrus zu, aber er stritt ein zweites Mal ab. Später mischten sich andere Leute im Hof ein: „Natürlich gehörst du zu ihm! Man hört es ja: Du sprichst wie er!" Da fing Petrus an zu fluchen. Er schwor: „Ich kenne diesen Jesus von Nazareth nicht, von dem ihr redet!" In diesem Moment krähte der Hahn – und Jesus, der gerade gefesselt durch den Hof geführt wurde, schaute Petrus an. Da wurde Petrus klar, dass er Jesus verleugnet hatte, und dass Jesus es wusste. Und er lief hinaus und weinte bitterlich.

nach Markus 14,66–72

4. Vor welchem Problem steht Petrus im Hof des Hohepriesters?

5. Was denkt Petrus? Vervollständigt folgende Sätze:

   Ich muss jetzt lügen, weil …
   Ich will die Wahrheit sagen, weil …

6. Was denkt Jesus wohl über Petrus? Was denkt Petrus wohl über Jesus?

7. Petrus weinte bitterlich. – Malt ein Bild von Petrus.

1. Was könnt ihr auf dem Bild erkennen?
   Beschreibt das Bild.

2. Wie hat der Künstler die Figuren platziert? Was hat er sich wohl dabei gedacht?

3. Betrachtet den Gesichtsausdruck und die Gestik des Petrus? Welche Gefühle und Gedanken hat er wohl?

4. Welche Farben herrschen vor? Was bedeuten diese Farben?

Jesus verzeiht Petrus

Jesus wurde verurteilt und starb am Kreuz. Doch drei Tage später ist er auferstanden. Danach kommt er mit seinen Jüngern zusammen. Gemeinsam sitzen sie am Ufer des Sees Genezareth am Feuer. Jesus hat ein Mahl vorbereitet. Auch Petrus ist dabei.

Petrus sitzt still am Feuer und denkt nach. Hatte er sich nicht vor kurzem auch an einem Feuer gewärmt? Damals hatte er Jesus verleugnet. Aus lauter Angst hatte er gesagt, dass er Jesus nicht kenne! Wer so etwas tut, kann nicht mehr der Freund von Jesus sein. Da sprach ihn Jesus an: Dreimal fragte er: „Petrus, hast du mich lieb, lieber als alle anderen?" Und drei-

mal antwortete Petrus: „Ja, Herr, du weißt, dass ich dich lieb habe." Da wurde Petrus traurig. Warum fragte ihn Jesus dreimal? Glaubte Jesus ihm nicht oder dachte er etwa daran, dass er ihn dreimal verleugnet hatte?

Da sprach Jesus noch einmal zu ihm: „Weide meine Schafe!" Und Petrus verstand, was Jesus ihm sagen wollte. Er sollte ein Hirte werden, kein Hirte, der Schafe weidete, sondern ein Hirte, der Menschen leitete und zu Gott führte. Da spürte Petrus: Jesus hatte ihm vergeben. Er durfte sein Jünger bleiben und wieder ganz neu anfangen!

nach Johannes 21,15–17

5. Warum meint Petrus, dass Jesus nicht mehr sein Freund sein will?

6. Wie reagiert Jesus auf die Lüge von Petrus?

7. Warum kann Jesus Petrus noch vertrauen, obwohl dieser ihn doch so enttäuscht hat?

8. In welchen Punkten ist diese Geschichte mit der von Jan und Erhan vergleichbar? In welchen Punkten unterscheidet sie sich?

Kinder – hier und anderswo

An Marias Schule finden Projekttage zu dem Thema „Kinder – hier und anderswo" statt. Maria will herausfinden, wie Kinder in anderen Ländern leben. Sie sucht im Internet und findet Bilder und auch einen Text von UNICEF, dem internationalen Kinderhilfswerk der Vereinten Nationen.

1. Betrachtet und beschreibt jedes Foto genau.

2. Wie geht es den Kindern auf den Fotos wohl? Wie könnte ihr sonstiges Leben aussehen?

3. Erfindet für die Kinder auf den Fotos jeweils Sprech- oder Gedankenblasen.

4. Die Fotos sollen in einer Zeitung veröffentlicht werden. Schreibe zu jedem Foto einen kurzen Text.

5. Worin sind sich alle Kinder der Welt ähnlich? Vergleicht das Leben der Kinder auf den Fotos mit den Wünschen und Vorlieben, die alle Kinder haben.

Die UNICEF, so heißt das Kinderhilfswerk der Vereinten Nationen, hat Kinder aus ganz verschiedenen Ländern und Kontinenten gefragt, was sie gern machen, was sie sich wünschen und wovor sie Angst haben. Dabei hat man festgestellt, dass die Kinder auf der ganzen Welt im Grunde sehr ähnlich sind: Sie spielen gerne – am liebsten Ball oder Verstecken – und gehen gerne in die Schule. Sie haben Angst vor einem Krieg und wünschen sich Frieden. Sie machen sich Sorgen um die Umwelt, die in ihren Augen von den Erwachsenen zerstört wird.

1. Informiert euch in Kleingruppen über die Lebensbedingungen der Kinder in Südamerika, Afrika, Indien und Asien. Gestaltet jeweils eine Stellwand. Folgende Adressen können euch dabei helfen: UNICEF Deutschland, Höninger Weg 104, 50969 Köln, Tel.: 02 21/9 36 50-0; amnesty international, Sektion der Bundesrepublik Deutschland e. V., 53108 Bonn;

Terre des Hommes Deutschland e. V., Ruppenkampstraße 11a, Postfach 4126, 49031 Osnabrück www.unicef.de, www.amnesty.de, www.Brot-fuer-die-welt.de, www.terre-des-hommes.de (extra Kinder- und Schülerseite!) oder www.kinderhilfswerk.de

2. Vergleicht die Lebensbedingungen dieser Kinder mit euren Lebensbedingungen hier in Deutschland.

Kinder in Deutschland

Sonja „Ich heiße Sonja und bin 12 Jahre alt. Ich habe einen älteren Bruder. Meine Eltern besitzen ein Friseurgeschäft. Morgens um 7 Uhr frühstücken wir alle gemeinsam. Nach der Schule gehe ich heim zum Mittagessen. Nachdem ich meiner Mutter beim Abwasch geholfen habe, hilft sie mir bei den Hausaufgaben. Nachmittags treffe ich mich meistens mit meiner Freundin Mareike. Montags gehe ich zur Leichtathletik, donnerstags lerne ich im Posaunenchor Trompete. Um 19 Uhr gibt es Abendessen. Danach schaue ich meistens fern. Um 21 Uhr gehe ich ins Bett und lese noch ein bisschen. Was ich einmal werden will, weiß ich noch nicht."

Giusi „Eigentlich heiße ich Giuseppina, aber alle nennen mich Giusi. Ich bin 13 Jahre. Meine Eltern sind vor vielen Jahren aus Sizilien nach Deutschland gekommen. Sie haben hier eine Pizzeria aufgemacht. Morgens stehe ich um 6.30 Uhr auf und mache für mich und meine drei jüngeren Geschwister das Frühstück. Manchmal hilft mir meine Mama dabei, aber meistens schlafen meine Eltern noch, weil sie jede Nacht bis 3 Uhr in der Pizzeria arbeiten. Danach mache ich die Betten und bringe auf dem Schulweg meinen kleinsten Bruder in den Kindergarten. Nach der Schule essen wir in unserer Pizzeria zu Mittag. Danach machen wir dort auch unsere Hausaufgaben. Wenn ich damit fertig bin, muss ich meiner Mama in der Küche helfen: Teig kneten, ausrollen, belegen und im Ofen backen. Zu Abend isst jeder, wenn Zeit dazu ist. Wenn viel Betrieb ist, darf ich abends auch bedienen. Gegen 23 Uhr bringe ich meine Geschwister ins Bett. Manchmal schaue ich noch ein bisschen fern, aber meistens bin ich zu müde. Später würde ich gern mit meinem Mann eine eigene Pizzeria aufmachen."

Daniel „Ich bin 12 Jahre alt und heiße Daniel. Meine Mutter ist gelernte Einzelhandelskauffrau in einem Drogeriemarkt und putzt abends in einer Firma. Mein Vater ist ausgezogen. Morgens beim Frühstück besprechen wir den ganzen Tag. Nach der Schule gehen mein Bruder und ich zum Mittagessen zu Oma. Dort machen wir auch unsere Hausaufgaben. Mein älterer Bruder, der aufs Gymnasium geht, hilft mir dabei. Die Schule ist für mich sehr wichtig und ich habe auch gute Noten. Später will ich einmal die Mittlere Reife machen und vielleicht auch das Abitur probieren. Mein Traumberuf ist Elektroingenieur. Zweimal die Woche gehe ich zum Fußballtraining und am Wochenende ist meistens ein Spiel. Dazwischen treffe ich mich mit Freunden. Das Abendessen richten abwechselnd mein Bruder und ich. Abends sehe ich gern fern oder surfe im Internet. Vieles, was ich da gefunden habe, habe ich schon in der Schule brauchen können. Wenn meine Mutter gegen 22 Uhr nach Hause kommt, sprechen wir noch ein bisschen über den Tag, und dann gehe ich ins Bett."

Yassin „Ich heiße Yassin. Ich bin vor 14 Jahren in Ankara geboren. Mein Vater ist Schichtarbeiter bei Mercedes-Benz. Vor fünf Jahren hat er meine Mutter, mich und meine zwei Schwestern nach Deutschland geholt. Meine Mutter ist zu Hause. Sie weckt mich morgens um 7 Uhr und macht das Frühstück. Nach der Schule esse ich meistens was am Dönerstand. Dann bin ich mit meinen Freunden in der Stadt unterwegs. Oft sind wir im Kaufhof in der Spielwarenabteilung und testen die neuesten Computerspiele. Dreimal in der Woche trainiere ich Kick-Boxen. Nach dem Abendessen schaue ich mit meinen Freunden meistens Videos an. Um 23 Uhr muss ich zu Hause sein. Ins Bett gehe ich, wenn ich müde bin. Hausaufgaben mache ich meistens vor dem Unterricht. Später will ich einmal Chef von irgendwas werden."

Irene „Ich heiße Irene. Ich bin in Minsk in Weißrussland geboren. Vor vier Jahren sind meine Eltern, meine beiden Geschwister und ich sowie mein Opa und meine Oma aus Minsk nach Mannheim gekommen. Ich bin 13 Jahre alt. Obwohl ich in Minsk geboren bin, bin ich doch Deutsche. Mein Vater war in Weißrussland Ingenieur, meine Mutter Lehrerin an einem Gymnasium. Hier sind sie beide Hilfsarbeiter in der chemischen Industrie. Morgens macht unsere Oma für alle das Frühstück und richtet uns auch Schulbrote. Nach der Schule hat sie uns das Mittagessen gekocht. Anschließend hilft uns Opa bei den Hausaufgaben. Nachmittags besuche ich meistens meine Cousine Magdalena zum Erzählen und Musik hören. Um 18 Uhr gibt es zu Hause Abendessen. Anschließend machen wir oft Gesellschaftsspiele oder erzählen uns etwas. Dienstags gehe ich mit Mama in den Kirchenchor. Um 21 Uhr gehe ich ins Bett. Später will ich einmal Ärztin werden."

Dominik „Mein Name ist Dominik. Ich bin 11 Jahre alt. Seit der Scheidung meiner Eltern lebe ich mit meiner Mutter in Mannheim. Sie arbeitet als Altenpflegerin. Wenn ich morgens um 7.30 Uhr aufstehe, ist sie oft schon bei der Arbeit. Auf dem Weg zur Schule hole ich mir meistens eine Dose Cola und eine Packung Chips. Nach der Schule muss ich in den Hort zum Mittagessen und zur Hausaufgabenbetreuung. Um 16 Uhr gehe ich nach Hause und spiele an meinem Computer. Ich besitze 73 Computerspiele. Wenn meine Mutter nicht da ist, mache ich mir abends selbst was zu essen. Danach sehe ich fast immer fern. Um 22 Uhr muss ich ins Bett. Später will ich einmal Erfinder von Computerspielen werden."

1. Erstellt in sechs Kleingruppen jeweils zu einem Kind
   a) einen tabellarischen Lebenslauf (Geburtsjahr, Beruf von Mutter und/oder Vater, Geschwister, Hobbys, Berufswunsch),
   b) einen Plan mit einem typischen Tagesablauf (Frühstück, Mittagessen, Hausaufgaben, Beschäftigung nachmittags und abends, Abendessen, Bettzeit).

2. Vergleicht die verschiedenen Lebensläufe und Tagesabläufe. Wo lassen sich Gemeinsamkeiten feststellen, wo Unterschiede?

3. Schreibe einen Lebenslauf und einen typischen Tagesplan für dich. Vergleicht eure persönlichen Ergebnisse und benennt Gemeinsamkeiten und Unterschiede.

Sarala aus Indien

Sarala

Sarala Sekar ist elf Jahre alt. Sie lebt in einem Dorf am Meer in Tamil Nadu, einem Staat an der Südspitze Indiens, einer sehr warmen Gegend. Dieser Staat hat seine eigene Kultur und Sprache, das Tamil. Das Haus, in dem Sarala mit ihrer Familie wohnt, steht direkt am Strand. Geboren wurde sie in einem Krankenhaus in der Hauptstadt Madras.

Saralas Lieblingstier

Saralas Lieblingstiere sind Ziegen. Hier seht ihr Sarala mit Amu, ihrer Lieblingsziege. Hunde mag sie nicht, weil sie Angst davor hat, gebissen zu werden.

Saralas Zuhause

Hier lebt Saralas Familie. Sie teilt ihr Haus mit zwei anderen verwandten Familien. Insgesamt leben hier 15 Personen.

Der Strand

So sieht der Strand bei Saralas Zuhause aus. Sarala liebt den Geruch des Meeres und Spaziergänge durch den feinen Sand. Am Ufer liegen mehrere Holzboote, eines davon gehört Saralas Vater. Er ist Fischer.

Saralas Schule

Sarala geht zu Fuß zur Schule. Sie lernt Englisch, Tamil und Rechnen. Ihr Lieblingsfach ist Landeskunde. Nicht so gern mag sie Rechnen. Neulich wurde Mahatma Gandhi behandelt, der zur Unabhängigkeit Indiens von Großbritannien aufrief. Sarala bewundert Gandhi. Er ist ihr Vorbild.

Saralas Religion

Sarala und ihre Familie sind Hindus. Sie beten in diesem Tempel am Strand in Dorfnähe. Die Hindus glauben an verschiedene Götter. Wenn jemand stirbt, so glauben sie, kehrt seine Seele in einem anderen Menschen oder in einem Tier wieder. Das nennt man Reinkarnation. Saralas schönstes Erlebnis bisher war eine Pilgerreise zum Heiligen Berg Tirupathi.

Was Salara gern macht

Sarala spielt gern mit ihren Freundinnen. Sie hört auch gerne Radio und freut sich meistens auf die Schule. Wenn Sarala etwas auf der Welt ändern könnte, würde sie alles billiger und vor allem das Wasser sauber machen.

Das ist Saralas Schulheft

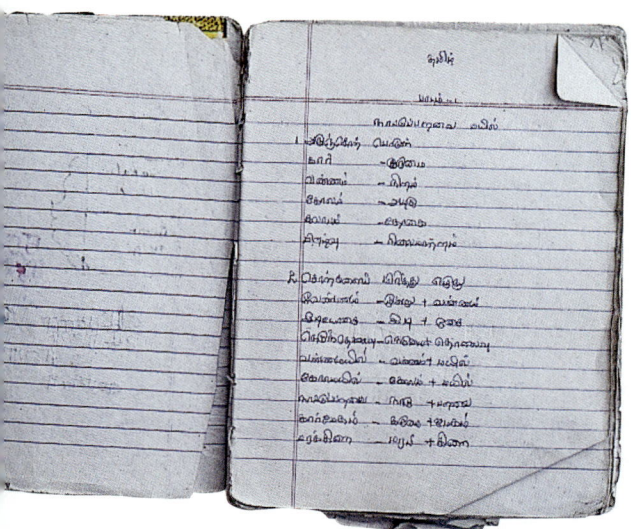

Was Sarala gern isst

Die meisten Bewohner in Tamil Nadu sind Vegetarier. Auch in Saralas Familie isst man kein Fleisch, nur Fisch. Saralas Lieblingsessen ist Fisch und Reis mit einer scharfen Masala-Sauce.

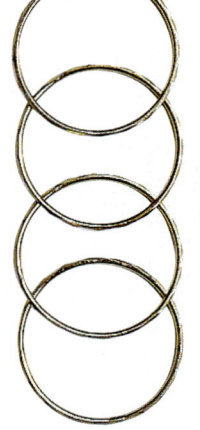

Saralas Schmuck

Wie die meisten indischen Mädchen trägt Sarala Armreifen. Besonders stolz ist sie allerdings auf ihre Fußkettchen.

1. Ein Schulfreund hat Sarala gebeten, in sein Album zu schreiben. Folgende Angaben werden gefragt:

   Name, Familie, Berufe der Eltern, Religion, Lieblingsfach, Schwieriges Fach, Vorbild, Schönstes Erlebnis, Beste Freunde/Freundinnen, Lieblingskleidung, Lieblingsessen, Lieblingstier, Das mache ich gern, Was ich auf der Welt gern ändern würde.

   Gestalte in deinem Heft eine Albumseite für Sarala.

2. Gestalte eine ähnliche Albumseite für dich. Wo siehst du Unterschiede, wo Ähnlichkeiten?

3. Wie beurteilt ihr das Leben von Sarala (glücklich, traurig, …)?

4. Was hätte Sarala vielleicht gerne aus eurem Leben? Was auf keinen Fall?
   Was hättet ihr gern aus Saralas Leben? Was überhaupt nicht?

Andrés aus Kolumbien

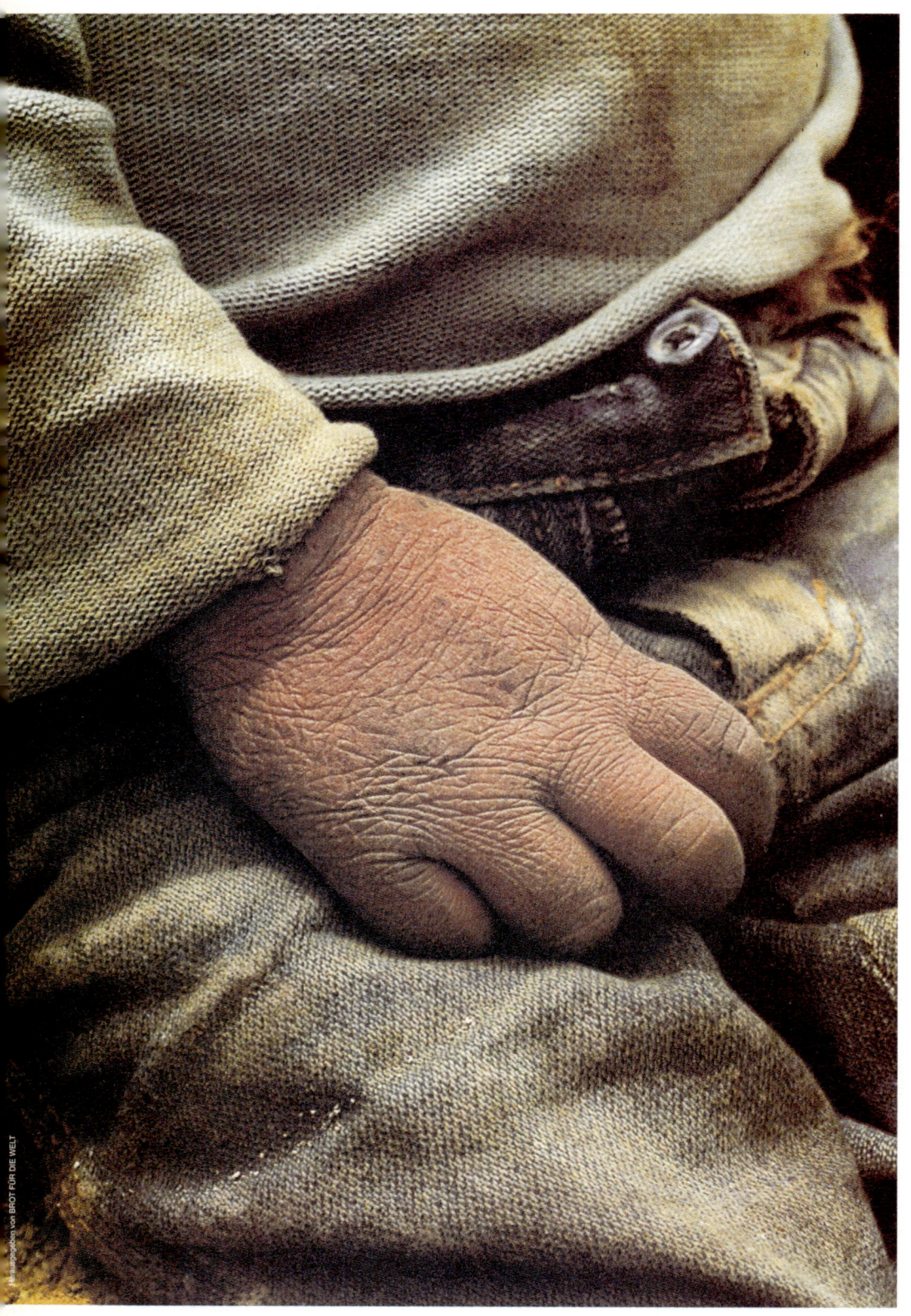

1. Das ist die Hand des sechsjährigen Andrés. Betrachtet die Hand. Was seht ihr? Warum sieht Andrés' Hand so aus?

2. Betrachtet nun eure eigenen Hände. Was seht ihr? Was fühlt ihr? Wie unterscheiden sich eure Hände voneinander?

3. Die Hände von euch, von Andrés und die Hände alter Menschen – wodurch unterscheiden sie sich?

4. Druckt oder malt eure Hände auf Papier und schreibt daneben, was ihr gern mit den Händen tut.

Andrés erzählt

„Ich bin sechs Jahre alt und heiße Andrés. Mit meiner Familie lebe ich in Kolumbien. Das ist ein Land in Südamerika. Wir wohnen in einem Armenviertel am Rande der Hauptstadt Bogotá. Meine Großmutter, meine Mutter, mein Vater und meine Schwestern Mariela, Francisca und Sandra arbeiten alle in der Lehmgrube. Ich bin der Jüngste und grabe und hacke den ganzen Tag Lehm. Den schweren Lehm schleppe ich zu meinem Vater, der daraus Lehmziegel presst und sie zum Bauen verkauft. Da mein Vater das Gelände teuer gepachtet hat, haben wir trotz unserer Arbeit nie genug Geld, um Essen für uns alle zu kaufen."

1. Gestaltet groß aus Fotokarton oder in eurem Heft eine Hand für Andrés und eine für euch. Schreibt jeweils hinein, was sie alles schon erlebt und gesehen haben, was sie den ganzen Tag über machen, was sie gern einmal machen würden.

2. Andrés ist stolz auf seiner Hände Arbeit. Er ist stolz, weil er wie die Erwachsenen zum Lebensunterhalt der Familie beiträgt. Andrés' Arbeit ist für seine Familie lebenswichtig. Gibt oder gab es ähnliche Situationen in deinem Leben, in denen du Verantwortung übernehmen musstest? Wer gibt dir das Gefühl, wirklich gebraucht zu werden?

3. Andrés leidet aber auch unter seiner Arbeit. Manchmal betet er abends und klagt Gott sein Leid. Schreibt ein kurzes Gebet für Andrés. Welche Sorgen, Bitten oder Wünsche könnte er Gott wohl sagen?

Jesus macht sich für Kinder stark

1. Betrachte das Bild in Ruhe. Was siehst du?

2. Was gefällt dir, was stört dich?

3. Wie sind Hell und Dunkel verteilt? Welche Farben kommen vor, welche fehlen?

4. Wer oder was steht im Mittelpunkt des Bildes?

5. Beschreibe die Gesichter der Kinder und der Männer. Was könnten sie jeweils denken?

6. Beschreibe die Beziehung zwischen Jesus und den Kindern, zwischen Jesus und den Männern, zwischen den Männern und den Kindern.

7. Wo wärst du am liebsten in dem Bild? Suche dir einen Platz oder eine Person aus. Was könnte die Person sagen, was könnte sie erlebt haben?

Jesus gibt den Kindern Recht

Einige Eltern brachten ihre Kinder zu Jesus. Er sollte ihnen die Hände auflegen und sie segnen. Aber die Jünger wollten die Kinder nicht zu Jesus lassen. Sie sagten: „Als ob der Meister nichts Besseres zu tun hätte, als sich mit Kindern zu beschäftigen! Seht ihr nicht die vielen Kranken, die alle noch geheilt werden wollen? Und ihr hört doch, dass er gerade kluge und wichtige Sachen über das Reich Gottes sagt. Und da kommt ihr mit Kindern an, die nichts davon verstehen, und sogar mit quengelnden Babys!"

Als Jesus das mitbekam, wurde er ärgerlich und rief zu den Jüngern: „Lasst doch die Kinder zu mir kommen und haltet sie nicht ab! Denn in das Reich Gottes können nur Menschen hineinkommen, die so sind wie diese Kinder. Von diesen Kindern könnt ihr noch lernen. Wer nicht wie ein kleines Kind voller Vertrauen zu Gott kommt, dem bleibt das Reich Gottes verschlossen. Wenn jemand Kindern hilft, ihnen Gutes tut und ihnen Liebe schenkt, dann ist das genauso, als ob er mir hilft, mir Gutes tut und mir Liebe schenkt." Dann nahm Jesus die Kinder in seine Arme, legte ihnen die Hände auf und segnete sie.

 nach Markus 10,13–16

1. Warum wollen die Jünger die Kinder nicht zu Jesus lassen?

2. Warum sind Jesus Kinder besonders wichtig?

3. Was bedeutet es für Jesus, wenn jemand Kindern hilft?

Auch heute brauchen Kinder Hilfe

Jeden Tag sterben Tausende von Kindern, weil sie nichts zu essen haben – und an Krankheiten. Millionen Kinder haben kein Zuhause. Sie leben auf der Straße, schlafen auf Bürgersteigen und in dunklen Ecken. Weil ihre Familien arm sind, müssen viele Kinder von klein auf den ganzen Tag lang hart arbeiten, Teppiche knüpfen, Zeitungen verkaufen, Schuhe putzen. Kinder werden in den eigenen Familien geschlagen, viele misshandelt und missbraucht – auch hier bei uns in Deutschland. In anderen Ländern ist Krieg. Da sind Kinder schon mit 12 Jahren Soldaten. Tausende von Kindern sind auf der Flucht …

4. Was würde Jesus dazu sagen?

5. Wenn jemand Kindern hilft, hilft er dadurch auch Jesus. Übertragt die folgenden Satzteile in euer Heft und ergänzt sie nach dem gleichen Muster. Findet weitere Beispiele, die das ausdrücken, was Jesus über Kinder sagt:
   Wenn jemand Kindern Gutes tut, tut er dadurch …
   Wenn jemand sich Zeit nimmt für Kinder, …
   Wenn jemand hungernden Kindern hilft, …
   Wenn jemand geschlagene Kinder tröstet und schützt, …
   Wenn jemand …

Gott sagt: „Ich bin bei denen, die mich brauchen. Ich bin bei Kindern, wenn es ihnen gut geht – und ich höre ihr Klagen, wenn es ihnen schlecht geht." Wo Kinder leiden, leidet Gott mit. In Gott haben Kinder einen starken Freund. Gott gibt Kindern Recht, wenn ihnen keiner Recht gibt. Gottes Segen ist für alle Kinder da.

Kinder haben besondere Rechte

Die Vereinten Nationen haben die Rechte der Kinder in 54 Artikeln festgehalten. Diese Rechte sollen für alle Kinder in der ganzen Welt gelten.

Hier sind die wichtigsten:

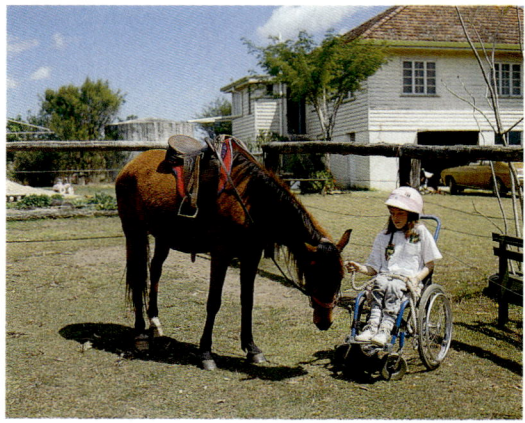

Artikel 2   Keine Benachteiligung
Alle Kinder sind gleich und haben die gleichen Rechte. Kein Kind darf benachteiligt werden,
- weil es aus einem anderen Land kommt,
- weil es eine andere Hautfarbe hat,
- weil es ein Mädchen oder ein Junge ist,
- weil es einen anderen Glauben hat,
- weil es behindert ist.

Artikel 7   Name und Staatsbürgerschaft
Jedes Kind muss einen Namen und eine Staatsbürgerschaft bekommen. Ein Kind hat das Recht, seine Eltern zu kennen und von ihnen betreut zu werden.

Artikel 9   Keine Trennung von den Eltern
Jedes Kind hat das Recht, mit seinen Eltern zusammenzuleben.

Artikel 12   Freie Meinungsäußerung
Jedes Kind hat das Recht, seine Meinung zu sagen. Erwachsene sollen den Kindern zuhören und die Meinung der Kinder berücksichtigen.

Artikel 14   Religionsfreiheit
Jedes Kind hat das Recht auf einen eigenen Glauben und das Recht sich nach diesem Glauben zu verhalten. In Deutschland darf ein Kind ab dem 14. Lebensjahr ganz allein entscheiden, welchem religiösen Bekenntnis es sich anschließen will.

Artikel 16   Privatsphäre
Kinder haben das Recht auf ein Privatleben. Niemand darf heimlich in den Sachen eines Kindes stöbern, seine Tagebücher oder Briefe lesen.

Artikel 19 Schutz vor Missbrauch und Vernachlässigung
Kinder sollen vor allen Formen der Misshandlung, der Vernachlässigung und des sexuellen Missbrauchs geschützt werden durch Beratungsstellen, an die Kinder und Familien sich wenden können, und durch Ämter und Gerichte, die im Notfall einschreiten.

Artikel 24 Gesundheit
Jedes Kind hat ein Recht auf ein Höchstmaß an Gesundheit und ärztlicher Betreuung.

Artikel 28 Bildung
Jedes Kind hat das Recht und die Pflicht, eine Schule zu besuchen, ohne dafür Geld bezahlen zu müssen.

Artikel 31 Erholung und Freizeit
Kinder haben das Recht auf Freizeit, Spiel und Erholung. Die Gemeinden sollen u. a. dafür sorgen, dass genügend Spielplätze und Jugendhäuser eingerichtet werden und dass es interessante Film-, Musik- und Theaterangebote für Kinder gibt.

Artikel 32 Kinderarbeit
Kinder dürfen nicht zu Erwachsenenarbeit herangezogen werden, da dies ihrer Gesundheit und Entwicklung schadet.

Artikel 33 Drogenmissbrauch
Kinder müssen vor Suchtstoffen wie Alkohol, Zigaretten und Drogen geschützt werden. Wer Suchtstoffe Kindern zugänglich macht oder Kinder sogar zum Missbrauch auffordert, muss bestraft werden.

Artikel 38 Kriegsdienst
Wenn in einem Land Krieg geführt wird, müssen Kinder besonders geschützt werden. Vor dem 16. Lebensjahr darf niemand zu Kriegsdienst eingezogen werden.

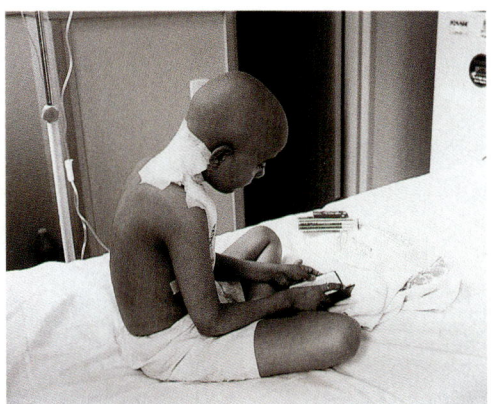

1. Ordnet die Fotos den einzelnen Kinderrechten zu. Wo wird gegen Rechte verstoßen, wo werden sie umgesetzt?

2. Zu einigen Rechten gibt es keine Fotos. Beschreibt oder zeichnet Situationen, in denen es zu Verstößen oder Verwirklichungen dieser Rechte kommen könnte.

4. Gibt es Situationen, in denen ausländische Kinder in eurer Schule und in eurem Orts/Stadtteil benachteiligt werden? Erarbeitet eine Ausstellung „Die Wünsche von ausländischen Mitschülern und Mitschülerinnen für ein gutes Zusammenleben".

5. Macht Vorschläge, wie eure Schule und das Umfeld der Schule gestaltet werden könnten, damit auch Kinder mit Behinderungen immer mitmachen können.

6. Entwerft einen Spielplatz, der ganz euren Vorstellungen entspricht. Welche Gemeinsamkeiten könnt ihr in euren Plänen feststellen?

7. Erstellt einen Kinderstadtplan, in dem all die Orte besonders hervorgehoben sind, wo Kinder etwas Spannendes tun können.

Fremd sein ist uns nicht fremd

Hochmut

Angst

Vorurteil

1. Mauern können trennen. Auch zwischen Menschen kann es solche „Trennungsmauern" geben. Nennt Beispiele für Menschen oder Menschengruppen, zwischen denen es „Mauern" gibt.

2. Könnt ihr erklären, wie diese Mauern entstanden sind?

3. Eine Mauer besteht aus vielen einzelnen Steinen – auch eine „Trennungsmauer".
   Nennt Situationen, in denen die beschrifteten „Trennungssteine" eine Rolle spielen könnten.

4. Gibt es noch andere „Trennungssteine"? Zeichnet eine „Trennungsmauer" in euer Heft und
   beschriftet die einzelnen Steine.

5. Baut in eurem Klassenzimmer eine „Trennungsmauer" aus beschrifteten Schuhkartons auf.

Reaktionen auf Fremde

Ihh! Wie sieht der denn aus?
Das ist ja ekelig.

Was ist denn das für ein Typ?
Was der wohl beruflich macht?
Ob der überhaupt was macht?
Wie der wohl lebt?
Wie der sich seine
Zukunft vorstellt?

Sein liebster
Feiertag ist der
„Sperrmüll-Tag".

Solche Typen hasse ich.
Die müssen sofort
erfahren, dass sie hier
nichts zu suchen haben.
Ich ruf ein paar Freunde
an und dann mischen
wir den auf.

Eigentlich würde ich den
gern mal ansprechen.
Aber wie mache ich
denn das? Vielleicht will
er ja seine Ruhe haben?
Aber vielleicht würde er
sich darüber freuen.

Hoffentlich lässt der
mich in Ruhe. Es waren
bestimmt solche, die
letzte Woche meine
Nachbarin im Bus
belästigt haben.
Vor solchen Typen habe
ich Angst. Ob ich die
Polizei anrufen soll?

Der lebt bestimmt ganz
anders als ich. Eigentlich
würde mich das schon
mal interessieren.

1. Was denkst du über einen solchen Menschen? Was würdest du ihm gerne sagen?

2. Auf Menschen, die fremd auf uns wirken, wie z. B. der Punker, reagieren wir oft
   mit **Neugier**, **Ablehnung**, **Unsicherheit**, **Angst**, **Gewalt** oder **Spott**. Ordnet die
   Äußerungen der Menschen diesen sechs Reaktionsweisen zu.

3. Übertragt die sechs Reaktionsweisen mit jeweils einem neuen eigenen Beispielsatz
   in euer Heft.

4. Wenn der Punker die Gedanken der Umstehenden hören könnte, wie würde er
   darauf reagieren?

Das kenn ich nicht – das mag ich nicht!

Interview mit der Psychologin Frau Dr. Schlau:

Frage: Frau Dr. Schlau, was bedeutet eigentlich „fremd"?

Antwort: Fremd heißt unbekannt, unvertraut, entfernt. Unvertrautes kann uns schnell Angst machen. Fremde Menschen sind alle, die mir nicht vertraut sind.

Frage: Also alle Ausländer?

Antwort: Nein, nicht nur, auch Nachbarn, die ich nicht kenne, die Schülerinnen und Schüler der anderen Klasse, ja, auch Jungen und Mädchen in der eigenen Klasse, Leute, die neu in meine Wohngegend zugezogen sind, Menschen aus anderen Schulen, aus anderen Städten, aus anderen Ländern. Menschen, die anders aussehen, die krank sind, Menschen, die sich anders kleiden, andere Musik hören, Menschen, die etwas anderes essen als ich, Menschen, die anders leben als ich.

Frage: Warum reagieren wir oft abwehrend auf die?

Antwort: Was wir nicht kennen, was uns fremd ist, das kommt uns oft zunächst einmal verdächtig vor. Wenn wir etwas Unbekanntem begegnen, fühlen wir uns häufig unsicher. Statt so jemandem näher zu kommen, gehen wir dann auf Abstand. In unserem Kopf entsteht eine Mauer. Von Fremden haben wir aber sofort eine Meinung, obwohl wir sie nicht kennen. Wir basteln uns vorgefertigte Urteile, Vorurteile.

Frage: Wirkt sich unser Verhalten auch auf das Verhalten der uns fremden Menschen aus?

Antwort: Ja, sehr direkt. Je nachdem, wie wir auf fremde Menschen reagieren, verändern sich auch die Menschen, denen wir begegnen. Wenn wir jemanden ablehnen, will der auch mit uns nichts zu tun haben und wird sich noch mehr abkapseln. Das wiederum macht ihn für uns noch verdächtiger und wir lehnen ihn noch mehr ab. Wenn wir uns jedoch für jemanden interessieren, freut sich der über unser Interesse und wird offener uns gegenüber. Damit aber wird er uns vertrauter und immer weniger fremd.

Frage: Dem Fremden geht es dann besser. Aber haben auch wir etwas davon?

Antwort: Sicher! Wir können das Fremde dann auch als Bereicherung erleben: wie eine Reise ins Unbekannte oder eine neue Musik, die wir plötzlich toll und spannend finden.

1. Wer erscheint uns fremd?

2. Warum reagieren wir oft ablehnend auf Fremde?

3. Welche Auswirkungen hat ablehnendes Verhalten auf die „Fremden"?

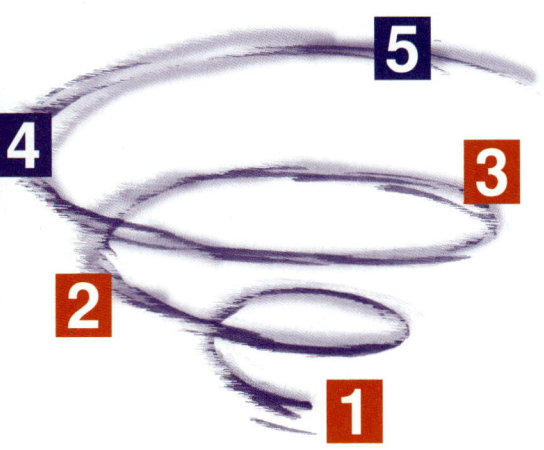

Die Ablehnungsspirale

Eine Gruppe lehnt einen fremden Menschen ab, wegen eines bestimmten Merkmals oder Verhaltens.

→ Der fremde und deshalb abgelehnte Mensch wehrt sich, er wird entweder aggressiv oder zieht sich zurück, „igelt sich ein".

→ Die Gruppe reagiert daraufhin noch ablehnender. Spott und Schikanen haben ja scheinbar ihre Rechtfertigung.

4. Ordnet die Texte den ersten drei Stationen auf der Ablehnungsspirale zu.

5. Übertragt die Ablehnungsspirale mit den dazu gehörenden Texten in euer Heft.
   Formuliert eigene Texte für die Stationen 4 und 5 .

6. Warum wird ein solcher Kreislauf auch als „Teufelskreis" bezeichnet?

… und schon fühlt man sich fremd

Fremde *Fremde* *in* *nur* *der* *der* *ist* *Fremd*

1. Wie heißt der Satz richtig?
2. Erklärt den Satz und findet Beispiele dafür.

Schtefanie oder S-tefanie

Sie stand vor ihrer Klassentür, las das Schildchen „5a, Frau Schwab" zum dritten Mal und holte tief Luft. Sie klopfte an, einmal leise, öffnete die Tür und sah die Augen von dreißig Mädchen und Jungen auf sich gerichtet.

Die junge Frau, die vor der Klasse stand, begrüßte sie.

„Wenigstens keine alte Schrulle", dachte Stefanie.

„Ich bin die Neue. Ich bin für diese Klasse angemeldet", sagte sie.

„Dann such dir einen freien Platz und setz dich hin", sagte Frau Schwab.

Stefanie setzte sich auf den einzigen freien Platz am letzten Tisch. Das Mädchen neben ihr lächelte sie an und beugte sich wieder über ihr Heft. Irgendwie kam sie ihr bekannt vor. Alle Kinder schrieben.

„Wir machen gerade eine Arbeit", erklärte die Lehrerin.

„Isch hab gar keine Tinte mehr", meldete sich ein Junge, „nen Kuli hab isch auch nischt dabei."

„Wer kann ihm helfen?", fragte Frau Schwab.

„Isch!", rief das Mädchen neben Stefanie und reichte dem Jungen einen roten Kugelschreiber.

Eine Sprache hatten die hier! Das hätten Ingrid und Meike hören sollen, schieflachen würden die sich!

Stefanie schaute aus dem Fenster und wünschte sich die neue Schule weg, wünschte, sie säße wieder in ihrer alten Hamburger Backsteinschule, in ihrer alten wackeligen Bank, neben Ingrid und Meike.

Jemand stieß sie an. Das fremde Mädchen an ihrer Seite.

„Wie du heißt, möchten wir wissen", sagte die neue Lehrerin mit einer Stimme, die ungeduldig klang, weil sie schon zum dritten Mal fragte.

„S-tefanie Hoffmann", sagte Stefanie. Ein Mädchen kicherte und noch eins, ein Junge rief: „S-tefanie S-toffmann!"

Alle kicherten. Das Mädchen neben ihr auch? Nein, die nicht. Stefanie sah mit rotem Kopf aus dem Fenster. Was die sich einbildeten, sollten sich mal reden hören: „Frau Schwab, isch bin immer noch nischt fertig." Lieber tot umfallen, als so zu sprechen wie die. Stefanie schob trotzig ihre Unterlippe vor. Die sollten doch ihren Unterricht alleine machen, ohne sie. Gar nichts würde sie mehr sagen! In Hamburg waren sie sowieso viel weiter gewesen, das hatte sie längst gemerkt.

Man ließ sie auch in Ruhe, nur einmal wollte Frau Schwab wissen, ob sie in ihrer früheren Klasse schon die Satzzeichen durchgenommen hätten. Stefanie lächelte überlegen, doch bevor sie: „längst" antworten konnte, rief jemand: „Vorsicht, sie s-puckt beim S-prechen!" Ein noch größerer Lacherfolg!

Stefanie zuckte die Achseln, in Hamburg sprachen

alle so wie sie. Wieso wurde Selbstverständliches hier komisch? Ob ein Kind von hier in Hamburg … Ja, es würde auch ausgelacht werden, und wie!

Es klingelte. Stefanie packte ihr Bündel von Büchern und trat auf die Straße.

Das Mädchen, das an ihrem Tisch gesessen hatte, ging neben ihr. „Isch wusste, dass du kommen würdest", sagte sie in ihrer hässlichen Sprache, „isch hab disch beim Einzug gesehen. Isch wohne zwei Häuser neben dir."

„Ach so", murmelte Stefanie.

„Isch finds toll, dass du die Bücher ohne Schultasche trägst, rischtisch gut."

„Bei uns machen das alle so", sagte Stefanie.

„Aber jetzt bisch du bei uns", stellte das Mädchen fest.

„Hm", sagte Stefanie und fragte dann: „Wie heißt du?"

„Annette", antwortete das Mädchen, „und du?"

„Weißt du doch."

„Isch habs wieder vergessen."

„Schtefanie", sagte Stefanie und drehte sich um. Sie war zu Hause angekommen.

nach Gabriele M. Göbel

1. Wie reagieren die Mitschüler auf Stefanie?

2. Welche Äußerungen verletzen Stefanie besonders?

3. Wie reagiert Stefanie auf den Spott der Mitschüler?

4. Stellt die verschiedenen Verhaltensweisen in einer „Ablehnungsspirale" dar.

5. Vergleicht das Verhalten von Annette mit dem der anderen Mitschüler.

6. Wir sind alle Fremde – fast überall! Erklärt diesen Satz und nennt Beispiele dafür.

7. Beschreibt Unterschiede und Gemeinsamkeiten der einzelnen Bildreihen.

8. Was wollen diese Bildreihen deutlich machen?

9. Zeichnet weitere Bildreihen, die das Gleiche ausdrücken.

10. Vergleicht die Aussage der Bildreihen mit der der Geschichte.

Jesus geht auf „Fremde" zu

Jesus besucht Zachäus

Zachäus war ein Zöllner und er war sehr reich. Die Menschen in Jericho mochten Zachäus nicht. Sie mussten ihm Zoll zahlen, und er nahm immer zu viel von ihnen, wenn er an seiner Zollschranke saß. Er betrog sie alle. Die Leute redeten schlecht von Zachäus und niemand wollte mit ihm zu tun haben. Das wiederum ärgerte Zachäus und er nahm ihnen noch mehr Geld ab. Zachäus hatte keinen einzigen Freund. Trotz seines vielen Geldes war er nicht glücklich. Er lebte allein, wie ein Fremder unter Fremden.

Eines Tages kam Jesus nach Jericho. Wie all die anderen Menschen wollte auch Zachäus Jesus gern sehen. Aber er konnte ihn nicht sehen. Es standen zu viele Menschen da, und Zachäus war ein kleiner Mann. Da lief Zachäus voraus und kletterte auf einen Maulbeerbaum. Er dachte: „Jetzt sehe ich Jesus bestimmt, wenn er vorbeikommt. Als Jesus durch die Straße kam, blieb er genau an diesem Baum stehen, schaute hinauf und sagte: „Zachäus, komm schnell herunter! Ich habe Hunger und Durst und würde gern bei dir etwas essen." Zachäus kletterte ganz schnell vom Baum herunter und nahm Jesus mit in sein Haus. Er freute sich. Es stimmte also, was man sich von Jesus erzählte. Jesus verachtete ihn nicht. Er geht zu allen Menschen, auch zu solchen Menschen wie ihm. Und Zachäus beschloss: Sein Leben sollte jetzt anders werden. Er sagte zu Jesus: „Die Hälfte von meinem Geld gebe ich den Armen. Und allen, die ich betrogen habe, werde ich viermal so viel zurückgeben."

Ja, Zachäus fing ganz neu an. Er war so glücklich, dass Jesus sein Gast war. Nun wollte er so leben, wie es Gott gefiel.

Anfangs waren die Menschen misstrauisch. Doch als sie sahen, dass Zachäus es ernst meinte, begannen sie langsam, sich wieder mit ihm auszusöhnen. *nach Lukas 19,1–10*

Jesus stoppt die Ablehnungsspirale

1. Zeichnet eine „Ablehnungsspirale", die das Verhalten von Zachäus und seinen Mitmenschen deutlich macht.

2. Jesus stoppt die Ablehnungsspirale und startet eine Versöhnungsspirale. Erklärt die neue Spirale und ordnet die folgenden Reaktionen den Punkten der Spirale zu. Übertragt die Spirale mit den Texten in euer Heft.

   – Zachäus freut sich darüber. Er ändert sich und gibt das ergaunerte Geld zurück.
   – Zachäus betrügt die Menschen.
   – Zachäus ärgert sich und betrügt sie noch mehr.
   – Die Menschen hassen Zachäus und lassen ihn allein.
   – Jesus besucht Zachäus.
   – Die Menschen gehen wieder auf Zachäus zu.
   – Die Menschen reden schlecht über Zachäus.

3. Wie gelingt es Jesus, diesen Teufelskreis zu durchbrechen?

4. Am nächsten Tag sitzt Zachäus mit seiner Familie (Frau, Schwiegermutter, Söhne, Töchter) beim Frühstück. Er erklärt, was er mit seinem Geld machen will. Die anderen sind erstaunt, bestürzt und widersprechen zum Teil. Da erzählt ihnen Zachäus seine Geschichte mit Jesus. Spielt das Gespräch.

> Jesus geht auf uns Menschen zu. Er durchbricht alle Mauern und Ablehnungsspiralen. Darüber können wir uns wie Zachäus freuen. Jesus achtet uns alle. Das gibt uns Kraft, auf die anderen Menschen zuzugehen.
>
> Jesus will, dass wir es genauso machen wie er: Wir sollen jedem Menschen, der hilfebedürftig oder ausgegrenzt ist, helfen.

Aus Fremden werden Vertraute

Toleranz

Verständnis

1. Durch Jesus wurde die „Mauer", die zwischen Zachäus und seinen Mitmenschen stand, abgebaut. Wie hat Jesus das gemacht? Welche „Werkzeuge" hat er benutzt?

2. Zeichnet „Werkzeuge" in euer Heft, mit denen man „Trennungsmauern" zerstören kann, und beschriftet sie.

Die *Pestalozzi Grund- und Hauptschule* veranstaltet einen Aufsatzwettbewerb zu dem Thema „Gemeinsam sind wir stark". Kathrin, 12 Jahre, sendet folgende Geschichte ein:

Einer für alle und alle für einen

Fast eine Woche waren wir schon mit unserer Klasse im Landschulheim. Jeden Tag regnete es. Die Stimmung war deshalb nicht so besonders, und da freuten sich die meisten, als unser Lehrer uns einen Kinobesuch vorschlug. Fast alle gingen mit, der Rest blieb in der Jugendherberge und bereitete für abends eine Party vor. Auch Orhan wollte mit ins Kino. Orhan kommt aus dem Irak und ist einer der nettesten Jungs in unserer Klasse.

An der Kinokasse war Orhan der Letzte. Als er seine Eintrittskarte kaufen wollte, sagte die Frau an der Kasse: „Es tut mir Leid. Ich habe Anweisung von meinem Chef, keine Türken mehr ins Kino zu lassen. Letzte Woche wurden uns einige Sitze völlig versaut. Wir vermuten, dass es Türken waren. Seitdem lassen wir keine mehr rein." Orhan bekam einen knallroten Kopf. „Aber ich bin doch gar kein Türke", stotterte er. „Egal", entgegnete die Kassiererin, „du kommst hier nicht rein. Da kannst du machen, was du willst." Das war zu viel für Orhan. Die Tränen schossen ihm in die Augen und er rannte raus. Blitzschnell hatte sich dieser Vorfall auch bei denen rumgesprochen, die bereits im Kino waren. Alle waren empört. Da hatte Sina eine gute Idee. Alle verließen ihre Plätze und marschierten wieder zur Kasse. „Wenn Orhan nicht rein darf, geben wir alle unsere Eintrittskarten zurück. Hier, bitte sehr." Alle achtundzwanzig legten ihre Eintrittskarten vor und bekamen ihr Geld zurück. Da war ein ganz schöner Tumult vor der Kasse. Ein Vater mit seinen zwei Kindern, die auch ins Kino wollten, sagte, er fände super, was wir machten. Die gingen dann aus Solidarität auch nicht rein. Und auch andere Leute, die alles mitbekommen hatten, mischten sich ein: „Ihr habt Recht", sagte einer, „so ein Verhalten ist eine Schande für unsere ganze Stadt. Eigentlich gehört der Kinobesitzer angezeigt und das Kino von allen boykottiert". Und ein anderer: „Gut, dass ihr alle wieder raus seid. Sonst hätte das gar niemand mitbekommen. Ich jedenfalls werde einen Leserbrief schreiben."
Orhan hatte sich inzwischen wieder beruhigt. Unser Verhalten muss ihn sehr beeindruckt haben, denn zu Hause sprach er noch oft davon. Aber auch wir anderen fühlten uns ein bisschen stolz, dass wir so zusammengehalten hatten und dass wir es nicht einfach hingenommen haben, wie jemand, nur weil er aus einem andern Land kommt, so schikaniert worden ist.

1. Warum will die Kassiererin Orhan keine Kinokarte verkaufen?

2. Die Mitschüler wollen Orhan helfen. Wie machen sie das? Sucht in Partnerarbeit weitere Hilfsmöglichkeiten.

3. Welche Folgen könnte die Aktion der Schüler für den Kinobesitzer haben?

4. Die Kassiererin erzählt ihrem Chef von dem Vorfall. Sie versucht ihn zu überzeugen, dass nicht die Kinder, sondern er falsch gehandelt hat. Sammelt Argumente für die Frau und spielt das Gespräch.

5. Bearbeitet in Kleingruppen einen der folgenden Fälle.
   a) *Ihr seid mit Freunden unterwegs und erlebt, wie eine Frau einen Bettler beleidigt.*
      Sammelt Möglichkeiten, wie ihr dem Bettler beistehen könntet.
      Ihr entschließt euch, die Frau anzusprechen. Schreibt und spielt einen Dialog.
   b) *Ihr seid mit Freunden in einem Burger-Imbiss und bekommt mit, dass ein Behinderter nicht bedient und aufgefordert wird, das Lokal zu verlassen.*
      Sammelt Möglichkeiten, wie ihr dem Behinderten beistehen könntet.
      Ihr entschließt euch, den Imbiss-Besitzer anzusprechen. Schreibt und spielt einen Dialog.
   c) *Ihr seid mit Freunden auf einem Spielplatz und bemerkt, dass ein Mädchen wegen ihres Kopftuches von einem älteren Jungen fortlaufend beleidigt wird.*
      Sammelt Möglichkeiten, wie ihr dem Mädchen beistehen könntet.
      Ihr entschließt euch, den Jungen anzusprechen. Schreibt und spielt einen Dialog.

Mehr als nur ein Buch?

„In meiner Familie wird die Bibel nur an Weihnachten gelesen." (Lena, 13 Jahre)

„Ich lese oft in meiner Kinderbibel, weil mir die Geschichten dort gut gefallen." (Lars, 11 Jahre)

Auferweckung eines Toten

In der Krippe   Die Bergpredigt   Empfang der 10 Gebote

1. Welche Personen oder Geschichten aus der Bibel erkennt ihr auf den Bildern? Welche Überschrift passt zu welchem Bild?

2. Sammelt in Partnerarbeit oder in Kleingruppen noch weitere biblische Geschichten. Welche Gruppe findet die meisten?

3. Was haltet ihr von diesen Äußerungen zur Bibel?

4. Was denkt ihr von der Bibel? Formuliert in Kleingruppen eigene Gedanken zur Bibel und schreibt diese Sätze jeweils auf ein Plakat. Sammelt in eurer Gruppe Gründe, warum man in der Bibel lesen sollte bzw. nicht lesen sollte. Ergänzt dazu die folgenden Sätze: In der Bibel sollte man lesen, weil ... In der Bibel sollte man nicht lesen, weil ... Vergleicht eure Plakate.

„Manchmal benutze ich die Bibel als Nachschlagewerk, wenn ich beim Kreuzworträtsel nicht weiterkomme."
(Mann, 62 Jahre)

„Im Gottesdienst wird immer aus der Bibel vorgelesen. Aber oft verstehe ich den Sinn nicht so richtig."
(Meike, 12 Jahre)

„In der Bibel redet Gott selbst mit uns wie ein Mensch mit seinem Freund."
(Martin Luther, Reformator, 16. Jahrhundert)

5. In welchen Situationen könnte die Bibel auch heute noch eine wichtige Rolle spielen?

6. Die Bibel gibt es heute in vielen Formen, z. B. als Kassette, Comic, CD-ROM, Video usw. Wenn ihr eine oder sogar mehrere Bibeln zu Hause habt, könnt ihr sie in den Religionsunterricht mitbringen. Auch in einer Bibliothek oder in eurer Schülerbücherei findet ihr sicher verschiedene Ausgaben. Gestaltet damit in eurem Klassenzimmer eine Ausstellung rund um die Bibel.

7. Sucht und sammelt Informationen rund um die Bibel im Internet (z. B. unter www.dbg.de).

Das Alte Testament entsteht

„Ich bin Tim Tempus und habe ein Geheimnis: Ich bin Zeitreisender. Ich lebe in einem Hochhaus mit einem Zeit-Fahrstuhl. Jedes Stockwerk stellt dabei ein Jahrhundert der Menschheitsgeschichte dar; im Keller sind die Jahrhunderte vor Christi Geburt. Ich kann in jedem beliebigen Stockwerk anhalten, aussteigen und mir anschauen, was in dem jeweiligen Jahrhundert passiert ist.

Heute mache ich mal wieder so eine Tour in die Vergangenheit – und euch nehme ich diesmal mit. Was ich heute erforschen will? Die Bibel! Ihr fragt euch, was es dabei noch groß zu erforschen gibt? Kommt mit und ihr werdet schon sehen!

So, jetzt geht es im Turbo-Zeitbeschleuniger ganz weit zurück in die Vergangenheit, in die Zeit, als alles anfing mit der Bibel. In die Zeit des Alten Testaments, lange also bevor Jesus gelebt hat, ins 13. Jahrhundert vor Christi Geburt."

Das Volk Israel in Ägypten

„1300 v. Chr.: Das Volk Israel lebt in der Sklaverei in Ägypten. Gott befreit sein Volk und schließt mit ihm einen Bund. Mose führt das Volk Israel durch die Wüste nach Kanaan. Die Menschen erzählen sich oft die alten Geschichten von der Erschaffung der Welt und von Abraham, Isaak und Jakob."

Am Königshof in Israel

„1000 v. Chr.: Das Volk Israel lebt nun schon lange in Kanaan. Es regieren die ersten Könige: Saul, David und Salomo. Man beginnt, die Geschichten, die das Volk Israel mit Gott erlebt hat, aufzuschreiben. Lieder, die von Erfahrungen mit Gott berichten, entstehen und werden auch aufgeschrieben."

Jüdische Gelehrte schreiben das Alte Testament auf

„500 v. Chr.: Jüdische Geschichtsschreiber und Priester ordnen und überarbeiten die verschiedenen Schriftrollen. Sie schreiben die Geschichten von Gott und seinem Volk Israel im Zusammenhang auf. Sie schreiben dabei in ihrer Sprache und Schrift, in Hebräisch, von rechts nach links. So entsteht die jüdische Bibel. Wir Christen übernehmen diese später als unser Altes Testament."

1. Übertragt die folgende Tabelle in euer Heft und ordnet dort die fehlenden Zeitangaben und Texte von den Zetteln richtig zu.

Die Entstehung des Alten Testaments

Vor 1000 v. Chr.		Die Geschichten von Gott werden in hebräischer Sprache aufgeschrieben.
Das Volk Israel macht Erfahrungen mit Gott und erzählt diese mündlich weiter.	Nach 100 n. Chr. Nach 500 v. Chr. Nach 1000 v. Chr.	Der Inhalt der jüdischen Bibel, die wir Christen Altes Testament nennen, wird endgültig festgelegt. Die Schriften werden überarbeitet und in einen Zusammenhang gestellt.

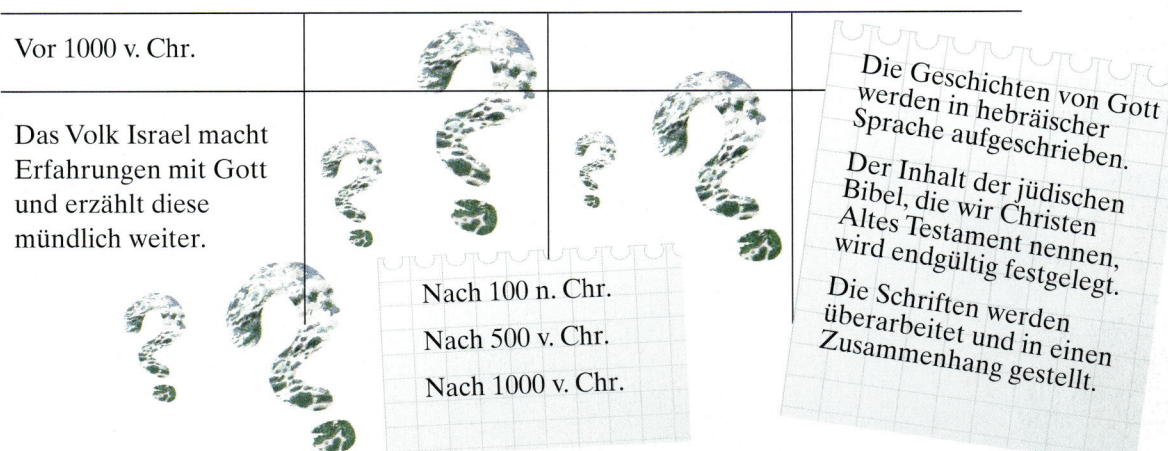

Das Neue Testament entsteht

„Im 1. Jahrhundert, zu Beginn unserer Zeitrechnung, wird Jesus geboren. Als er lebt, gibt es nur die hebräische Bibel der Juden, also unser Altes Testament. Nach Jesu Tod und Auferstehung entsteht in mehreren Schritten das Neue Testament."

Jesus wirkt.

Jesus-Geschichten werden weitererzählt.

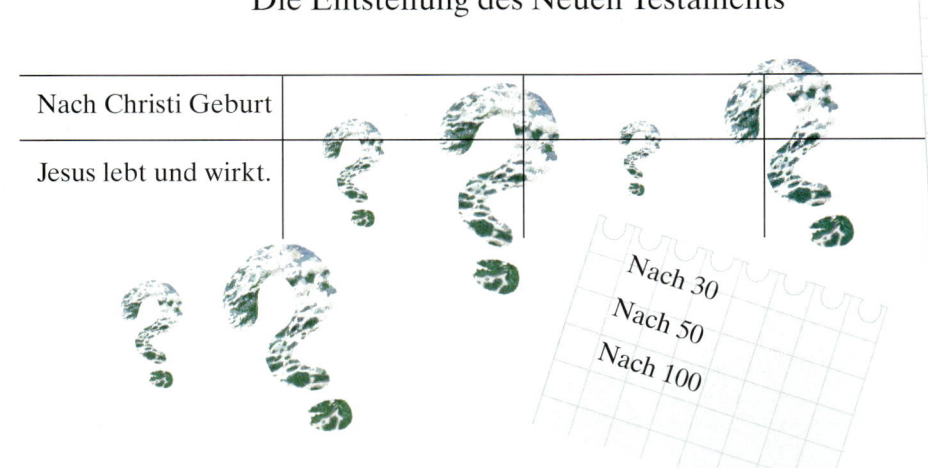

Jesus-Geschichten und Apostelbriefe werden niedergeschrieben und gesammelt.

WANDELT AUF DEM MEER

EINZUG IN JERSUSALEM

BERGPREDIGT

1. Übertragt die folgende Tabelle in euer Heft und ordnet dort die fehlenden Zeitangaben und Texte von den Zetteln richtig zu.

Die Entstehung des Neuen Testaments

Nach Christi Geburt			
Jesus lebt und wirkt.			

Nach 30
Nach 50
Nach 100

Die Geschichten von Jesus werden in vier Evangelien in griechischer Sprache aufgeschrieben. Die Apostel schreiben Briefe an die ersten christlichen Gemeinden.

Die Geschichten von Jesus werden mündlich weitererzählt.

Die Evangelien und die Briefe der Apostel werden zum Neuen Testament zusammengestellt.

Die Bibel erhält ihre heutige Form

1. Du bist für das Abschreiben der Bibel im Kloster verantwortlich. Suche dir einen der fett gedruckten Verse aus der Luther-Bibel aus, der dir besonders gut gefällt. Schreibe ihn mit deiner schönsten Schrift in dein Heft. Den ersten Buchstaben des Satzes solltest du dabei – wie einst die Mönche – kunstvoll mit Blau, Rot oder Gold verzieren. Gestalte dann die ganze Seite farbig. Achte einmal darauf, wie viel Zeit du für diese Arbeit brauchst.

Martin Luther übersetzt die Bibel ins Deutsche

„Bis zum 16. Jahrhundert gibt es Bibeln fast nur für Gelehrte. Die einfachen Leute kennen nur das, was ihnen die Pfarrer von der Bibel erzählen. Niemand kann prüfen, ob das stimmt. Damit alle Menschen die Bibel selbst lesen können, übersetzt Martin Luther die Bibel in die deutsche Sprache.

Nach der Erfindung des Buchdrucks wird die Bibel zum meistgedruckten Buch der Welt."

2. Was könnten die Gründe dafür gewesen sein, dass Martin Luther eine solch große Mühe auf sich nahm und die Bibel ins Deutsche übersetzte?

3. Welche Gefahren bestehen, wenn Menschen nicht selbst die Bibel lesen können, sondern auf das angewiesen sind, was ihnen andere von der Bibel erzählen?

Das Evangelium nach Lukas

Vorwort

DA nun schon viele es unternommen haben, eine Erzählung der Ereignisse abzufassen, die sich unter uns zugetragen haben, 2 wie sie uns diejenigen überliefert haben, die von Anfang an Augenzeugen gewesen sind und Diener des Wortes, 3 hielt auch ich es für gut, nachdem ich allem von vorn an genau nachgegangen, es der Reihenfolge nach für dich aufzuzeichnen, hochangesehener Theophilus, 4 damit du die Zuverlässigkeit der Dinge erkennst, über die du

aber beide gerecht vor Gott un delten in allen Geboten und Satz des Herrn untadelig. 7 Und sie kein Kind, weil Elisabeth unfru war, und beide waren schon b 8 Es begab sich aber, als er in der seiner Abteilung vor Gott Priester tat, 9 da wurde er nach dem F des Priesterdienstes durch das L stimmt, in den Tempel des He gehen und z en das ganze Menge nachgedraussen zur S ahrlich, 11 Es erschie s oder Kinder willen, hält in en aber

n und

Volk sah es und gab Gott die Ehre.

Einkehr bei Zachäus

19 1 Er ging nach Jericho hinein und wollte hindurchziehen. 2 Und siehe, ein Mann, Zachäus mit Namen, ein reicher Oberzöllner, 3 suchte Jesus von Angesicht zu sehen; doch bei der Volksmenge konnte er es nicht, denn er war klein von Gestalt. 4 Da lief er voraus und stieg auf einen Maulbeerfeigenbaum, um ihn zu sehen; denn da sollte er vorbeikommen. 5 Als schaute er hinauf

gabst du mein Geld nicht auf die Bank? Ich hätte bei meiner Rückkehr es mit Zinsen abheben können.

24 Und er sagte zu den Umstehenden: Nehmt ihm die Mine und gebt sie dem, der die zehn Minen hat! 25 Sie entgegneten ihm: Herr, der hat schon zehn Minen! 26 Ich sage euch: Jedem, der hat, wird gegeben; wer aber nicht hat, dem wird auch

Einteilung in Kapitel und Verse

„Die Bibel bestand bisher aus einzelnen Büchern mit fortlaufenden Texten. Damit sich die Menschen in den langen und oft unübersichtlichen Texten besser zurechtfinden können, wurde die Bibel in einzelne Kapitel und die Kapitel wiederum in einzelne nummerierte Verse unterteilt."

Vier Schritte zum Finden einer Bibelstelle

Z. B.: Lukas 2,10 (Sprich: „Lukas, Kapitel 2, Vers 10")

1 Zuerst schlage ich das Inhaltsverzeichnis der Bibel auf und suche im Inhaltsverzeichnis des Alten Testaments oder im Inhaltsverzeichnis des Neuen Testaments das Buch „Das Evangelium nach Lukas".

2 Dann schlage ich die Seite auf, auf der dieses Evangelium beginnt.

3 Nun suche ich das angegebene Kapitel, also das zweite. Oben auf jeder Seite stehen die Kapitelzahlen.

4 Wenn ich das Kapitel gefunden habe, suche ich darin den angegebenen Vers, also den zehnten. Die Verse erkennt man an den kleinen Zahlen vor den Sätzen.

---

1. Sucht und lest folgende Bibelstellen. Von welchen Berufen, Tieren, Geschenken, Musikinstrumenten und wichtigen Texten ist jeweils die Rede?

1. Mose 4,22
1. Samuel 16,11
Johannes 21,3
Apostelgeschichte 18,3

2. Mose 7,28
Psalm 104,21
Sprüche 6,6
Offenbarung 12,3

1. Mose 41,42
1. Samuel 18,4
Matthäus 2,11

Psalm 137,2
2. Mose 15,20
Richter 7,16

Matthäus 6,9–13
Psalm 23
2. Mose 20,1–3
Jesaja 2,1–4

Die Bibel – fit für die Zukunft

Verschiedene Bibelausgaben

„So, jetzt sind wir wieder in der Gegenwart, in unserem 21. Jahrhundert. Die Bibel gibt es heute in vielen verschiedenen Ausgaben und Übersetzungen. Aber ihr meint, die Bibel ist doch noch immer ein dickes Buch? Falsch, die Bibel im 21. Jahrhundert ist genau 1 Millimeter dick, nämlich als CD-ROM."

Das Bibel Video

Die Bibel hören!

www. bibelserver. de

Bibel-CD

Heilige Schrift

21
Future
Home
Past

BIBEL

ALTES TESTAMENT

Geschichtsbereich
1. Buch Mose
2. Buch Mose
3. Buch Mose

Lehrbücher und Psalmen
Hiob

Prophetenbücher

NEUES TESTAMENT

1. Das Programm ist beim Laden abgestürzt. Erstellt mithilfe eines Inhaltsverzeichnisses der Bibel in eurem Heft ein vollständiges Computer-Inhaltsverzeichnis.

Das Wort „Bibel" stammt von dem griechischen Wort „biblos",

Aber eigentlich ist die Bibel kein Buch,

Die Bibel ist in zwei große Teile unterteilt,

Im Alten Testament stehen Geschichten

Im Neuen Testament stehen Geschichten

Die deutschsprachige Bibel ist nicht die ursprüngliche Bibel,

Das Alte Testament war ursprünglich in Hebräisch,

Heute gibt es viele verschiedene Bibelausgaben:

sondern eine Übersetzung.

in das Alte Testament und das Neue Testament.

von Jesus und den ersten christlichen Gemeinden.

das auf Deutsch ganz einfach Buch heißt.

sondern eine Sammlung von 66 verschiedenen Büchern.

das Neue Testament in Griechisch geschrieben.

Comic-Bibeln, Kinderbibeln, Blinden-Bibeln, erklärte Bibeln, Fotobibeln, Studienbibeln, CD-ROM-Bibeln, Bibel auf Kassette, …

von Gott und seinem Volk Israel.

2. Auch der Bibel-Infoteil ist durcheinander geraten. Ordnet jedem Satzanfang den richtigen Schluss zu und schreibt den Text in euer Heft.

1. Was könnte Tim Tempus entdecken? Wie könnte die Zukunft der Bibel aussehen?

2. Wie könnte eine Welt aussehen, in der die Bibel keine Rolle mehr spielt? Wie sieht die Welt aus, in der die Bibel eine große Rolle spielt?

3. Bei der Konfirmation können sich die Konfirmandinnen und Konfirmanden eine Bibelstelle auswählen, die ihnen für diesen Anlass wichtig ist.
Suche aus den folgenden Bibelstellen jeweils drei aus, die dir für eine Konfirmation gut gefallen würden.

„Tschüss Leute, ich gehe auf eine neue Entdeckungsreise mit meinem Zeitfahrstuhl. Wohin es diesmal geht? In die Zukunft! Die Geschichte der Bibel hat mich sehr neugierig gemacht. Ich würde zu gern wissen, wie es mit der Bibel weitergeht, in 10, 100 oder 1000 Jahren. Vielleicht berichte ich euch mal davon. Aber jetzt muss ich los. Macht's gut!"

Der Herr ist mein Hirte, mir wird nichts mangeln.

(Psalm 23,1)

Befiehl dem Herrn deine Wege und hoffe auf ihn, er

wirds wohl machen. (Psalm 37,5)

Tu deinen Mund auf für die Stummen und für die Sache aller, die verlassen sind.
(Sprüche Salomos 31,8)

Was hülfe es dem Menschen, wenn er die ganze Welt gewönne und nähme doch
Schaden an seiner Seele? (Matthäus 16,26)

Lass dich nicht vom Bösen überwinden, sondern überwinde das Böse mit dem
Guten. (Römer 12,21)

Gott ist Liebe; und wer in der Liebe bleibt, der bleibt in Gott und Gott in ihm.
(1. Johannes 4,16)

Denn er hat seinen Engeln befohlen, dass sie dich behüten auf allen deinen
Wegen. (Psalm 91,11)

Von allen Seiten umgibst du mich und hältst deine Hand über mir. (Psalm 139,5)

Denk an ihn, bei allem, was du tust; er wird dir den richtigen Weg zeigen.
(Sprüche 3,6)

Geplanter Zufall?

Reporter Harry Hirsch: Hier meldet sich wieder Radio Regenbogen mit der beliebten Sendereihe ‚Interview mit einem Unbekannten'. Heute zu Gast in unserem Studio: unsere Schöpfung.
Guten Morgen, Schöpfung. Wie geht es Ihnen?

Schöpfung: Guten Morgen, Harry Hirsch! Es geht so. Ein bisschen eng hier.

Harry Hirsch: Wieso haben Sie sich für unsere Sendung gemeldet? Sie sind doch keine Unbekannte. Jeder kennt Sie doch. Ja, jeder Mensch ist ja in gewissem Sinne ein Teil von Ihnen.

Schöpfung: Auf manche dieser Teile könnte ich ganz gut verzichten. Aber im Ernst: Wer kennt mich denn wirklich? Die meisten interessieren sich doch gar nicht für mich und viele nutzen mich nur aus.

Harry Hirsch: Bei Ihnen ist doch jedes Fitzelchen erforscht und untersucht. Was soll es denn da groß noch Unbekanntes geben?

Schöpfung: Wenn Sie sich da mal nicht täuschen! Es gibt so manches, was selbst alte Hasen staunen lässt. Haben Sie Kinder?

Harry Hirsch: Ja, eine Tochter.

Schöpfung: Wie alt ist sie denn?

Harry Hirsch: Knapp ein halbes Jahr.

Schöpfung: Vor 12 Monaten war dieses Mädchen noch kaum größer als ein Stecknadelkopf. Und doch waren in diesen mikroskopisch kleinen Zellen schon Tausende von Erbinformationen enthalten: Geschlecht, Haarfarbe, Augenfarbe, Körpergröße …

Harry Hirsch: Unglaublich! – Doch bleiben wir mal bei diesem Thema: Wie alt sind Sie denn? Waren Sie auch mal so klein? Wo kommen Sie denn eigentlich her? Gibt es einen Schöpfer der Schöpfung?

Schöpfung: Über mein Alter spreche ich nicht so gerne. Aber es fällt mir jedes Jahr schwerer, meine vielen Geburtstagskerzen auszublasen. Wie ich entstanden bin? Darüber gibt es geteilte Meinungen. Manche sprechen von einem Zufall, andere meinen, ich sei ein geplantes Wunschkind gewesen. Ich kann mich leider nicht mehr daran erinnern. Aber können Sie sich denn an Ihre Geburt erinnern?

Harry Hirsch: Nur an meine frühe Kindheit. Ich hatte einen blauen Schnuller, war Landesmeister im Bäuerchen-Machen und mein Windel-Rekord lag bei sieben Füllungen an einem Tag.

Schöpfung: Respekt.

Harry Hirsch: Ihre Herkunft liegt also auch im Dunkeln. Wie siehts denn mit Ihrer Zukunft aus? Wie lange wollen Sie noch aktiv sein?

Schöpfung: Das hängt auch von meiner Gesundheit ab. Und damit ists im Moment nicht so gut bestellt. Seit einiger Zeit plagen mich mehrere Krankheiten, für die ich allerdings nicht selbst verantwortlich bin. So Gott will, hoffe ich jedoch, es noch ein paar Jährchen zu machen.

Harry Hirsch: Wenn nicht Sie für Ihren schlechten Gesundheitszustand verantwortlich sind, wer soll es denn sonst sein?

Die Schöpfung schweigt und sieht Harry Hirsch vorwurfsvoll an.

Harry Hirsch: Schauen Sie nicht so. Ich bin unschuldig. – So, damit ist unsere Sendezeit auch leider schon um. Vielen Dank, Schöpfung, dass Sie vorbeigekommen sind, alles Gute für Ihre Zukunft und: Lassen Sie sich bloß nicht alles gefallen.

Die Schöpfung

1. klagt, sie werde ausgenutzt. An wen und was könnte sie dabei denken?

2. spricht nicht gern über ihr Alter. Wie alt schätzt ihr sie?

3. sagt, dass es verschiedene Meinungen zu ihrer Entstehung gibt. Was meint sie damit? Wie stellst du dir den Anfang der Welt vor? Zeichne ein Bild oder schreibe einen kurzen Text.

4. beklagt sich über verschiedene Krankheiten, für die sie sich nicht verantwortlich fühlt. Welche Krankheiten könnte sie meinen, und wer könnte dafür verantwortlich sein?

5. hofft, dass sie es mit Gottes Hilfe „noch ein paar Jährchen macht". Wie denkst du darüber? Wie stellst du dir ein mögliches Ende der Welt vor? Zeichne ein Bild oder schreibe einen kurzen Text. Stellt die Bilder zum Weltanfang denen zum Weltende gegenüber.

Faszination Schöpfung

Wie viel Sauerstoff kann ein mittelgroßer Baum jede Stunde produzieren?

a) etwa einen Luftballon voll
b) ungefähr 150 Liter
c) 500 Liter
d) 1000 Liter

Wie viele Tiere und kleinste Lebewesen befinden sich in einer Handvoll Erde?

eher
a) 5
b) 500 000
c) 5 000 000
d) 5 000 000 000

[umgekehrt gedruckter Text:] Baum: b. Eine Buche mit 200.000 Blättern kann bei Tag in einer Stunde ungefähr 125 Liter Sauerstoff produzieren, das entspricht 550 Gramm.

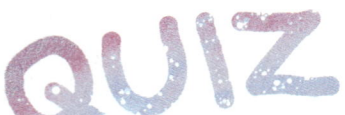

[umgekehrt gedruckter Text:] Bodenlebewesen: c. Hinzu kommen noch unzählige Bakterien, die viel noch nicht mitgezählt sind.

Die größten Säugetiere der Erde sind die Wale. Glaubst du, dass sie sich untereinander verständigen können?

a) nein
b) ja, über ca. 100 Meter
c) ja, über ca. 10 Kilometer
d) ja, über ca. 100 Kilometer

QUIZ

Zugvögel legen auf dem Weg zu den Winterquartieren erstaunliche Wege zurück. Die Küstenseeschwalbe fliegt im Jahr ca.

a) 500 km
b) 5 000 km
c) 20 000 km
d) 35 000 km

QUIZ

Zugvögel: c) Die Küstenseeschwalbe hält den Rekord unter den Zugvögeln. Sie fliegt von den Brutgebieten im nördlichen Polarkreis teilweise bis in die Antarktis, um zu überwintern.

1. Für einen Fotowettbewerb zu dem Thema „Faszination Schöpfung" konnten viele berühmte Fotografen jeweils ein Bild einreichen. Unter den vielen Vorschlägen waren auch die Bilder auf dieser Doppelseite. Was ist auf den Bildern zu sehen? Was könnten sich die Fotografen jeweils dabei gedacht haben?

2. Auch ihr habt die Möglichkeit, an diesem Wettbewerb teilzunehmen. Einigt euch in Kleingruppen auf drei Motive, die für euch das Faszinierende der Schöpfung am besten zum Ausdruck bringen.

3. Vergleicht eure Ergebnisse und erstellt in eurer Klasse eine Rangliste von 10 Motiven zum Thema „Faszination Schöpfung".

4. Gestaltet in Kleingruppen jeweils ein Plakat zu diesem Thema.

5. Versucht die Quizfragen zu lösen. Ihr könnt z. B. im Biologieunterricht nachfragen. Die Antworten findet ihr auch auf diesen Seiten versteckt.

Wege: b) Einige Forscher vermuten, dass sich Wale sogar über Tausende von Kilometern hören können.

QUIZ

Wie ist die Welt entstanden?

Am Anfang schuf Gott Himmel und Erde

Alles war zuerst wüst und leer, und es war dunkel.

Da sprach Gott: „Es werde Licht." Da wurde es hell. Und Gott sah, dass es gut war. Gott nannte das Licht Tag und die Dunkelheit Nacht.
Das war der erste Tag.

Und Gott sprach: „Über der Erde soll sich der blaue Himmel wölben."
Das war der zweite Tag.

Und Gott sprach: „Hier soll Land sein und dort Meer. Das Wasser soll nicht die ganze Erde überfluten."

Und Gott sprach: „Auf der Erde sollen grüne Pflanzen wachsen: Gras, Kräuter, Büsche und Bäume. Es sollen Blumen blühen und Früchte reifen." Und Gott sah, dass es gut war.
Das war der dritte Tag.

Und Gott sprach: „Am Himmel sollen Lichter sein. Er machte die Sonne für den Tag und Mond und Sterne für die Nacht. Und Gott sah, dass es gut war.
Das war der vierte Tag.

Und Gott sprach: „Im Wasser sollen viele Tiere leben und in der Luft sollen Vögel fliegen." Er machte die Fische und alles, was im Wasser lebt, und er machte die Vögel, die über die Erde fliegen, die großen und die kleinen. Und Gott sah, dass es gut war.
Das war der fünfte Tag.

Und Gott sprach: „Auf dem Land sollen auch Tiere leben." Er machte die vielen Tiere, die auf dem Land leben, die wilden Tiere und die Haustiere. Und Gott sah, dass es gut war.

Und Gott sprach: „Jetzt will ich etwas schaffen, das mir ähnlich ist. Ich will Menschen schaffen." Und er schuf die Menschen, Männer und Frauen.

Und Gott sprach zu den Menschen: „Vermehrt euch und breitet euch über der Erde aus. Die Fische, die Vögel und alle anderen Tiere und auch alle Pflanzen vertraue ich eurer Fürsorge an." Gott sah alles an, was er geschaffen hatte. Und Gott sah: Es war alles sehr gut.
Das war der sechste Tag.

Am siebten Tag ruhte Gott. Er sagte: „Ich habe alles vollendet. Jetzt ruhe ich. Auch die Menschen sollen einen Ruhetag halten, einmal in jeder Woche. Da sollen sie sich an der Schöpfung freuen."

So hat Gott Himmel und Erde erschaffen.

 *aus 1. Mose 1,1–2,4a*

Der Urknall

Viele Wissenschaftler sagen heute, dass die gesamte Materie der Welt einmal zu einem dichten kleinen Klumpen zusammengeballt war, der dann mit einem großen Knall explodierte. Nach diesem Urknall verbanden sich nach Ansicht der Wissenschaftler einige Teile der explodierten Materie miteinander und bildeten die Planeten und Sterne.

1. Lies den Text auf Seite 74 aufmerksam durch. Zeichne dann das biblische Weltbild in dein Heft. Ordne die einzelnen Teile des Bildes den jeweiligen Schöpfungstagen zu.

2. Unser heutiges Weltbild sieht ganz anders aus. Beschreibt es kurz.

3. In welcher „Welt" würdet ihr lieber leben? Begründet eure Entscheidung.

4. Weltbilder verändern und entwickeln sich immer weiter. Wie könnte das Weltbild der Menschen im Jahr 5000 aussehen? Zeichnet oder beschreibt ein mögliches Modell.

Die Bibel und unsere heutigen Erkenntnisse

Timo: „Am Anfang schuf Gott Himmel und Erde." Das stimmt doch nicht. Heute wissen wir doch, dass alles durch den Urknall entstanden ist.

Vater: Man kann die Bibel ernst nehmen oder wörtlich. „Himmel und Erde", das bedeutet: die ganze Welt – alles, was es gibt. Die Menschen, die diesen Text damals aufgeschrieben haben, wollten damit sagen, dass es nichts auf der Welt gäbe, wenn Gott es nicht gemacht hätte.

Timo: Also war es nicht so, wie es in der Bibel steht?

Vater: Da gibt es doch gar keinen so großen Widerspruch. Die Menschen haben alle Dinge aufgelistet, die sie damals kannten, und gesagt: All dies hat Gott geschaffen.

Timo: Aber das mit den einzelnen Tagen, das ist doch völlig falsch.

Vater: Die Reihenfolge im biblischen Schöpfungsbericht ist gar nicht so verschieden zu dem, wie es die Forscher heute sehen: Zunächst kam das Licht in die Welt. Auf unserem rot glühenden Planeten entstanden danach die ersten Meere und festes Land. Das Land begann zu grünen und im Wasser regte sich erstes Leben. Die Wassertiere krochen an Land. Der Mensch kam.

Timo: Das mag ja sein, dass es da Übereinstimmungen gibt. Aber das mit dem Urknall ist damit noch nicht geklärt. Alles ist also durch den Urknall entstanden und nicht durch Gott?

Vater: Aber auch das ist doch gar kein Widerspruch. Woher kommt denn der Urknall? Wer hat denn den Klumpen Materie gemacht, der explodierte? Materie entsteht nicht von allein. Und was war vorher? Alles Fragen, die auch heute noch niemand beantworten kann. Die Wahrscheinlichkeit, dass die Entstehung des Universums und des Lebens durch bloßen Zufall zu Stande gekommen ist, ist nach Schätzungen von Naturwissenschaftlern sehr gering. Etwa so hoch wie in diesem Beispiel: Ich werfe 1 Million Buchstaben in die Luft. Wieder auf dem Boden liegend ergeben sie einen lesbaren Text. Gott würfelt nicht, hat Albert Einstein einmal gesagt.

Timo: Du meinst also, dass alles genau so passiert ist, wie es in der Bibel steht?

Vater: Es kommt auf den richtigen Umgang mit der Bibel an. Die Bibel beantwortet nicht vorrangig die Frage: *Wie* ist die Welt entstanden? Sondern sie gibt Antworten auf andere Fragen, wie z. B.: *Wer* hat alles geschaffen? Welche Stellung hat der Mensch gegenüber Gott? Wie soll der Mensch mit den anderen Geschöpfen umgehen? Wenn ich genau wissen will, *wie* alles geschaffen wurde, dann nehme natürlich auch ich ein naturwissenschaftliches Buch zur Hand.

1. Was haltet ihr von diesem Gespräch? Wie hat der Vater Timos Fragen beantwortet?

2. Betrachtet die Karikatur. Welche Erfahrung drückt sie aus?

Wir stellen uns die Welt heute ganz anders vor als die Menschen, die die Bibel geschrieben haben. Viele Sachen würden wir heute anders sagen. Aber das heißt nicht, dass alles falsch ist, was in dem Bibeltext steht, denn:
➜ Es gibt Sätze, die gelten für das Weltbild des Alten Testaments.
➜ Es gibt Sätze, die gelten für das moderne naturwissenschaftliche Weltbild.
➜ Es gibt Sätze, die sind nicht an ein bestimmtes Bild von der Welt gebunden. Die galten in der Zeit des Alten Testaments, und denen können viele von uns auch heute noch zustimmen.

Sätze des alttestamentlichen Bildes von der Welt	Sätze des modernen Bildes von der Welt	Sätze, die nicht an ein bestimmtes Bild von der Welt gebunden sind
• Die Erde ist eine flache Scheibe.	• Die Erde ist eine Kugel.	• Die Welt ist von Gott gut geschaffen.

3. Ordne die Sätze in eine Tabelle in deinem Heft ein. Ergänze jeweils eine passende Aussage.

• Wir sollen die Schöpfung bewahren.
• Der Regen strömt durch Klappen durch das Himmelsgewölbe.
• Die Erde kreist um die Sonne.
• Gott schenkt Leben.
• Die Erde steht auf Säulen in einem großen Meer.
• Außer der Erde gibt es unzählige andere Planeten.
• Die Sonne, der Mond und die Sterne sind an einer Kuppel befestigt.
• Der nächste Stern ist vier Lichtjahre von uns entfernt.
• Wir sind in unserem Tun und Handeln unserem Schöpfer verantwortlich.

Wir Menschen sollen Gottes Schöpfung bewahren

1. Gott hat die Welt gut geschaffen. Sammelt in Gruppen Beispiele dafür.

2. Die Menschen zerstören die Schöpfung, die Gott ihnen anvertraut hat. Welche Bilder zeigen dies? Beschreibt jeweils die Zerstörung.

3. Die Menschen gehen fürsorglich mit der Schöpfung um. Welche Bilder zeigen dies?
   Beschreibt, wie jeweils die Schöpfung bewahrt wird.

4. Erstellt in Gruppen Collagen zu folgenden Themen:
   • Gott hat die Welt gut geschaffen.
   • Die Menschen bewahren die Schöpfung.

5. Auch durch euer Verhalten kann die Schöpfung belastet oder bewahrt werden. Sammelt
   Beispiele dafür, wie ihr in eurer Schule und in eurem Alltag fürsorglich mit der Schöpfung
   umgehen könnt.

Ach Gott – wie siehst du denn aus?

Ich kann mir Gott nicht vorstellen. Er ist so wie unser Gewissen, er spricht zu uns. Seine große Hand leitet uns, und er gibt Acht, dass wir nichts Böses tun. (11 Jahre)

Gott ist keine Person. Er ist überall! (15 Jahre)

Ich stelle mir vor, dass Gott die Welt in seiner Hand hält und sie schützt. Er hält sie, damit sie sozusagen durch die Kriege und den Hass unter den Menschen nicht fällt oder zerbricht. Er ist immer für uns da. (13 Jahre)

Gott kann ich mir nicht vorstellen, trotzdem glaube ich an ihn. (14 Jahre)

Ich persönlich stelle mir Gott so vor, dass er sehr groß ist. Er hat weiße lange Haare und einen Vollbart. Er trägt ein langes weißes Gewand und Öko-Sandalen. Er sitzt für sich auf einem Thron aus Gold, in einem großen Palast. Um ihn herum sind Engel auf Wolken, die Harfe spielen und „Halleluja" singen. Er hat eine Krone auf. (15 Jahre)

Ich glaube nicht an Gott, denn ich kann nur etwas glauben, was ich sehen, fühlen und hören kann. Gott kann man nicht sehen! (17 Jahre)

Ich weiß nicht, wie Gott aussieht, und ich glaube nicht an Gott. (10 Jahre)

Ich kann mir Gott nicht bildlich vorstellen. Allerdings, wenn ich schöne Dinge sehe, z.B. eine schöne Landschaft, dann weiß ich, dass Gott dies gemacht hat und sich vielleicht so zeigt. (15 Jahre)

Ich stelle mir Gott wie einen guten Kumpel vor, dem ich alles sagen kann, und der mir hilft, wenn ich es brauche. (12 Jahre)

Ich denke, dass Gott keine Person ist. Er ist eine Macht, die über allem steht. Jeder hat einen anderen Namen dafür. Der eine sagt Gott, der andere Allah … (13 Jahre)

1. Welchen Aussagen kannst du zustimmen? Welchen nicht?

2. Vermutet: Welche Bilder und Aussagen stammen eher von Jungen, welche eher von Mädchen?

3. Gebt jedem Bild eine passende Überschrift.

4. Formuliert eigene Aussagen zu Gott und malt eure Vorstellungen von Gott. Vergleicht eure Aussagen und Vorstellungen. Gestaltet damit ein großes „Gottesplakat".

5. Gibt es in eurem Alltag Situationen, in denen ihr auf das Thema „Gott" stoßt – z.B. im Gespräch zu Hause oder mit Freunden, in Liedern, in Filmen oder in eigenen Gedanken?

Wie Menschen sich Gott vorstellen

In einer Schule in einem fernen Land gab es eine Klasse, in der noch kein Schüler je einen Elefanten gesehen hatte. Eines Tages ließ der Lehrer einen Elefanten vor die Schule bringen und verband den Kindern die Augen. Dann bat er sie, den Körper des Elefanten mit den Händen zu betasten, um eine Vorstellung von seiner Gestalt und seiner Größe zu bekommen. Die Kinder gingen hinaus und begannen, mit den Händen den Elefantenkörper zu befühlen. Als sie fertig waren, forderte der Lehrer sie auf, die Gestalt und Größe des Elefanten zu beschreiben. Einer der Schüler, der den Schwanz des Elefanten angefasst hatte, sagte: „Ein Elefant sieht aus wie ein dicker, großer Strick." Ein anderer, der den Bauch befühlt hatte, meinte: „Ein Elefant sieht aus wie ein ganz großer Korb." Ein dritter, der eines seiner Ohren betastet hatte, rief: „Ein Elefant ist wie ein großer Fächer." Einer, der den Rüssel gefühlt hatte, sagte: „Einen Elefanten kann man am besten mit einer großen Röhre vergleichen." Der Schüler, der eines der Beine betastet hatte, rief: „Alles Quatsch! Ein Elefant ist wie eine Säule!" Einer, der auf dem Rücken des Elefanten gesessen hatte, stellte fest: „Es ist doch ganz klar: Ein Elefant ist wie ein großer Berg." Und schließlich meinte ein Schüler, der den Elefanten überhaupt nicht gefunden und nur in der Luft herumgefühlt hatte: „Das ist doch alles Unsinn. Elefanten gibt es überhaupt nicht."

1. Die Kinder erläutern ihre Vorstellungen. Ergänzt sie und erklärt genauso die anderen Vorstellungen der Kinder:
   Ein Elefant ist wie ein dicker, großer Strick, denn der Schwanz des Elefanten …
   Ein Elefant ist wie ein großer Korb, denn der Bauch des Elefanten …
   …

2. Wer von den Kindern hat Recht?

3. Was hat diese Geschichte mit Vorstellungen von Gott zu tun?

Die blinden Kinder reden vom Elefanten so, wie sie ihn kennen gelernt, erlebt und erfahren haben. Genauso reden Menschen von Gott. Keiner hat Gott je gesehen, und trotzdem versuchen die Menschen immer wieder, ihn zu beschreiben. So wie die blinden Kinder vom Elefanten, so reden die Menschen von Gott, wie sie ihn erlebt und erfahren haben. Das heißt also: Unsere Vorstellungen von Gott hängen ab von unseren Erfahrungen mit Gott und von dem, was wir von ihm gehört haben.

Wenn ich z. B. die Erfahrung gemacht habe, dass Gott mir hilft, wenn es mir schlecht geht, dann stelle ich mir Gott vor als jemanden, der meine Not sieht, der will, dass es mir gut geht, und der das dann auch bewirken kann.

Vorstellungen von Gott

Gott mit Fernrohr
Gott als König
Gott mit Flügeln
Gott wie ein großes Herz
Gott als Helfer
Gott als Krieger
Gott als Schutzhülle um die Erde
Gott als Natur
Gott als Fragezeichen
Gott als Universum
Gott als Fundament eines Hauses
Gott als strenger Mann
…

1. Übertragt die Vorstellungen von Gott aus dem Notizzettel am Rand in euer Heft.
   Sucht zu jeder Vorstellung eine dazu passende Erfahrung mit Gott, z.B.:
   Vorstellung: „Gott mit Fernrohr" ⇨ *Mögliche Erfahrung:* Gott nimmt auch das Kleine wahr.
   „Gott als König" ⇨ Gott ist mächtig.

Wie Menschen von Gott reden

Warum kann man Gott nicht sehen? Wieso heißt Gott Gott?

Wie sieht er aus? Kann Gott sterben?

Wie alt ist er? GOTT Weiß Gott alles?

Lebt Gott im Himmel oder auf der Erde? Wo ist Gott?

Wer hat Gott geschaffen?

1. Die Religionsklasse 6a/b hat Fragen zum Thema „Gott" gesammelt: Sprecht über die einzelnen Aussagen. Versucht, die Fragen zu beantworten.
   Welche Fragen oder Sätze hättet ihr zum Thema Gott geschrieben?

Keiner hat Gott je gesehen, trotzdem reden die Menschen von Gott.
Weil Gott viel größer und umfassender ist, als wir es uns vorstellen können, können wir ihn nie vollständig und ganz beschreiben. Dafür fehlen uns Menschen einfach die Worte. Aber weil Gott für viele von uns wichtig ist, versuchen wir es immer wieder.
Es gibt zwei Möglichkeiten:
a) Wir nehmen Wörter, von denen wir glauben, dass sie zu Gott passen: Gott ist freundlich, immer da (= ewig) …
b) Wir malen mit Wörtern Bilder, von denen wir glauben, dass sie zu Gott passen: Gott ist wie die Sonne, …

2. Ordne die passenden Satzhälften einander richtig zu. Schreibe unter der Überschrift „So ist Gott" ein Bildwort, das dir besonders gut gefällt, in dein Heft.

3. Sucht in Partnerarbeit noch weitere Eigenschaften und Bildworte, die eurer Meinung nach zu Gott passen, und begründet diese jeweils.

- Gott ist wie ein Sonnenstrahl. → weil er keinen Anfang und kein Ende hat.

- Gott ist ewig, → Man kann ihn nicht sehen. Man kann nur sehen, was er bewirkt: Er wirbelt die Blätter auf, treibt ein Windrad an, lässt auf dem Wasser Wellen entstehen. So kann auch Gott Menschen bewegen. Dann geben sie Gottes Liebe weiter und tun Gutes.

- Gott ist unendlich, → weil er immer schon war und immer sein wird.

- Gott ist allwissend, → Man sieht zwar, dass es hell ist, aber die Sonnenstrahlen, die die Wärme geben, sieht man nicht. Man spürt nur die Wärme auf der Haut. So ist es auch mit Gott. Wenn Menschen sich Gott zuwenden, dann können sie seine Nähe und Geborgenheit spüren.

- Gott ist wie Wind. → weil er alles weiß: das Vergangene, das Gegenwärtige und das Zukünftige.

Die 99 schönsten Namen Gottes

Der Allerbarmer   der Barmherzige   der Herrscher und König
der Majestätische   der Ehrenvolle   der Großzügige   der Heilige
der Einzigheilige   der Friede   der Verleiher des Friedens
der Verleiher der Sicherheit   der Beherrscher   der Allmächtige
der Unterwerfer   der Stolze   der Hohe   der unvergleichlich Große
der Erhabene   der Mächtige   der Starke   der Alles-Bezwinger
der einzige und absolute Herrscher   der gerechte Vergelter
der Besitzer aller vorzüglichen Eigenschaften   der unparteiisch Richtende   der Inhaber
aller Reichtümer   der Reiche   der weise Richter   der Gerechte   der Wachsame   der alles
Aufzeichnende   der genau Berechnende   der Ruhmvolle   der Glorreiche   der zu allem
Fähige   der Schöpfer   der Besitzer aller Macht   der Erschaffer   der allen Dingen ihr
Sein verlieh   der Former   der Urheber   der alles wieder zum Leben erwecken wird
der Leben Spendende   der, in dessen Hand der Tod ist   der Erhalter
der Beschützer   der große Verzeiher   der Dankbare   der Gnädige
der die Reue seiner Diener Annehmende   der Vergeber   der Feinfühlige   der Gütige
der Nachsichtige   der Erhörer der Gebete   der Verleiher der Geber   der Versorger
der alle Ernährende   der Gunstverleiher   der alles Umfassende   der Wohltätige
der Öffner der Türen zum Wissen   der Allwissende   der Allweise   der Kundige   der Zeuge
der Wahrhaftige   der Vertrauenswürdige   der Liebevolle   der Schutzherr eines jeden
der Preiswürdige   der aus sich selbst Lebende   der Erste ohne Beginn   der, ohne dessen
Hilfe nichts bestehen kann   der Letzte ohne Ende   der Offenbare   der Verborgene
der Erniedriger der Hochmütigen   der Erhörer   der Verleiher der Ehre   der Demütiger
der Unterdrücker   der Hervorheber   der Wohltäter   das Licht   der Führer zum rechten
Weg   der Schöpfer aller Dinge   der ewig Bleibende   der einzige Erbe
der Geduldige   der Eine   der Einzige   der Einzelne
der Angebetete   der von allem und jedem Unabhängige   der Barmherzigkeit Erweisende
der seiner gesamten Schöpfung Gnädige   der Verehrte   der Allhörende

1. Lest reihum die 99 Namen. Wie kommen Menschen auf solche Namen? Welche Erfahrungen mit Gott könnten zu bestimmten Namen geführt haben?

2. Schreibe für einen Namen nach Wahl eine kurze Geschichte, die den Namen erklären könnte.

3. Gibt es Namen, die ihr erwartet hättet und die hier nicht aufgeführt sind?

4. Suche aus diesen Gottesnamen, die die Muslime Gott geben, fünf aus, die auch du für Gott benutzen würdest. Welche gefallen dir am besten? Erstellt in eurer Klasse eine „Hitparade der Gottesnamen".

5. Suche fünf Namen aus, die du keinesfalls für Gott benutzen würdest.

Die Bibel erzählt von Erfahrungen mit Gott

Gott, wie ist dein Name?

Das Volk Israel lebte in Ägypten in der Sklaverei. Mose war aus Ägypten geflohen, weil er einen Ägypter erschlagen hatte. Plötzlich sieht Mose einen Dornbusch, der brennt, aber dabei völlig heil bleibt. Erstaunt geht er näher heran.

Ich bin für euch da

Gott: Mose, geh nach Ägypten zurück und führe mein Volk Israel aus seiner Knechtschaft aus Ägypten heraus!

Mose: Wer bist du? Wie ist dein Name? Ich kann doch nicht nach Ägypten gehen und sagen: Eine Stimme aus einem brennenden Dornbusch schickt mich. Das Volk Israel soll sofort alles zusammenpacken und Ägypten verlassen.

Gott: Mein Name ist „Ich-bin-für-euch-da". Sag den Israeliten: Der „Ich-bin-für-euch-da" hat mich geschickt. Das ist mein Name für alle Zeiten. Alle kommenden Generationen sollen mich mit diesem Namen anreden, wenn sie zu mir beten.

1. Namen haben eine Bedeutung. Was bedeutet der Name, mit dem sich Gott Mose vorstellt?

2. Informiere dich darüber, was dein Name bedeutet.

3. Schreibe den Namen Gottes in den hebräischen Buchstaben und mit seiner deutschen Bedeutung in Schönschrift in dein Heft.

Gott macht seinem Namen alle Ehre

In vielen Situationen beweist Gott, dass er einhält, was sein Name verspricht: Er ist für die Menschen da! In den Psalmen der Bibel berichten Menschen von ihren Erfahrungen mit Gott. Dabei haben sie das gleiche Problem wie wir. Auch sie können Gott nur durch Bildworte beschreiben. Je nachdem, welcher Vergleich für Gott gewählt wird, merkt man deutlich, welche Erfahrung der Psalmschreiber jeweils mit Gott gemacht hat.

- Der Herr ist mein **Fels** und mein Erretter, mein Gott, meine Zuflucht, mein sicherer Ort. (Psalm 18,3)

- Der Herr ist mein **Licht**, er rettet mich. Vor wem sollte ich mich noch fürchten? (Psalm 27,1)

- Und die Himmel werden seine Gerechtigkeit verkünden; denn Gott selbst ist **Richter**. (Psalm 50,6)

- Du bist die **Quelle** – alles Leben strömt aus dir. (Psalm 36,10)

- Ja, Herr, du tust es: Du bietest mir Schutz, du bist meine **Burg**! (Psalm 31,4)

- Denn der Herr ist der Höchste, ein großer **König** über die ganze Welt. (Psalm 47,3)

- Wie ein **Vater** seine Kinder liebt, so liebt der Herr alle, die ihn ehren. (Psalm 103,13)

- Denn Gott, der Herr, ist die **Sonne**, die uns Licht und Leben gibt, schützend steht er vor uns. (Psalm 84,12)

1. Welche Bildworte stehen in diesen Psalmstellen für Gott?

2. Welche Erfahrungen mit Gott könnten die Psalmschreiber jeweils gemacht haben, dass ihnen diese Vergleiche eingefallen sind? Ordnet in einer Tabelle jedem Bildwort einen der nebenstehenden Begriffe zu.

Bibelstelle	Gott ist wie …	Erfahrung: Gott gibt …
Psalm 31,4	eine Burg	Schutz

Orientierung, Schutz, Gerechtigkeit, Standfestigkeit, Fürsorge, Leben, Führung, Liebe, Energie

Jesus zeigt uns Gott

Gott: Und, was bewegt die Menschen so auf der Erde?

Engel: Immer die gleichen Fragen: Wie siehst du aus? Wo wohnst du? Was machst du den ganzen Tag? Usw. usw. Könntest du diese nervigen Fragen nicht ein für allemal beantworten?

Gott: Noch einmal im Dornbusch wie damals bei Mose?

Engel: Nein, das versteht wieder nur das Volk Israel. Es müsste was sein, das für alle Menschen auf der ganzen Welt gilt und das auch alle verstehen.

Gott: Ich habs! Ich werde den Menschen jemanden schicken, der genauso ist wie ich. Wenn die Menschen den sehen, ist das so, als wenn sie mich sehen. Dann können sie sich vorstellen, wie ich bin. Und wenn sie noch Fragen haben, können sie den gleich fragen, und er kann ihnen alles von mir erzählen.

Jesus ist Gottes Sohn – Jesus ist wie Gott

1. Beschreibt, was Jesus auf den einzelnen Bildern tut.

2. Wenn Gott genauso wie Jesus ist, was zeigen die einzelnen Bilder dann von Gott?

3. An Jesu Reden und Handeln kann man sehen, wie Gott ist. Tragt in Kleingruppen zusammen, was ihr über

Jesus wisst. Formuliert damit Aussagen über Gott:
Jesus kümmert sich um Außenseiter → Gott kümmert sich um Außenseiter
Jesus vollbringt Wunder → …
…

Jesus erzählt von Gott

Jesus sagt, Gott ist so:

1. Versucht, anhand der Bilder die Geschichte nachzuerzählen.

2. Was will Jesus mit dieser Geschichte über Gott sagen? Wer sind die Schafe?
   Wer ist das verirrte Schaf? Wer ist der Hirte?

Spuren

1. Hier war einiges los. Versucht in Partnerarbeit herauszufinden, wer oder was alles hier seine Spuren hinterlassen hat. Wer findet am meisten?

2. Zeichne eine Spuren-Seite in dein Heft. Wenn du willst, kannst du dir zu deinen Spuren eine Geschichte ausdenken.

3. Unternehmt in Kleingruppen ein Detektivspiel im Klassenzimmer, auf dem Schulhof oder auch außerhalb des Schulgeländes. Sucht Spuren, die auf etwas hinweisen (Menschen, Tiere, Ereignisse). Auch Gerüche und Geräusche können Spuren sein.

> **Welche Spuren finden wir in unserem Leben, die uns zeigen, dass uns jemand mag?**
>
> 1. Mein Hund springt an mir hoch, wenn ich heimkomme.
> 2. Mein großer Bruder nimmt mich zum Fußball mit.
> 3. Meine Mutter kocht mein Lieblingsessen.

1. Findet weitere Beispiele.

2. Es gibt in unserem Alltag viele sichtbare Spuren. In unserem Leben gibt es aber auch ganz heimliche Spuren, die nicht jeder sehen kann – versteckte Spuren, die Gott bei uns hinterlassen hat.

> Wenn ich etwas Schönes in der Natur sehe, denke ich an Gott.

> Manchmal, wenn ich Angst habe, spüre ich, dass Gott bei mir ist.

> Manchmal, wenn ich bete, weiß ich, dass Gott mir zuhört.

3. Überlege dir einmal drei Minuten lang ganz still, wo du in deinem Leben schon einmal solch eine versteckte Spur Gottes entdeckt haben könntest.
Wer möchte, kann erzählen, was ihm während der Besinnung eingefallen ist.

4. Bereitet in Kleingruppen jeweils eine kurze pantomimische Szene aus dem Alltag vor, in der man Spuren Gottes erkennen könnte (nachmittags mit Freunden zusammen, in der Schule beim Lernen, auf dem Schulweg nach Hause, einem Kind ist der Hund gestorben, die anderen trösten es …).

Es ist schwer für uns zu verstehen, dass Gott da ist, auch wenn wir ihn nicht sehen können. Menschen, Tiere, Pflanzen und Dinge können wir sehen, hören, anfassen oder damit spielen. Es gibt aber auch Dinge, die sind da, obwohl wir sie nicht sehen können. Wir können nur ihre Wirkung spüren. Auf das Dasein Gottes weisen viele Spuren hin.

Der Kleinste wird zum Größten

Die Israeliten wohnten nun schon lange in Kanaan. Sie bestellten hier ihre Felder und züchteten Vieh. Mose hatte sie hierher geführt, und dies war das Land, das Gott ihnen versprochen hatte. Doch immer wieder wurden sie von feindlichen Völkern angegriffen. Vor allem die Philister fügten den Israeliten einige schwere Niederlagen zu. Dabei ging ihnen zeitweise

auch ihr größtes Heiligtum, die Bundeslade mit den Gesetzestafeln, verloren. Sie hatte Mose und das Volk auf dem Weg durch die Wüste begleitet.

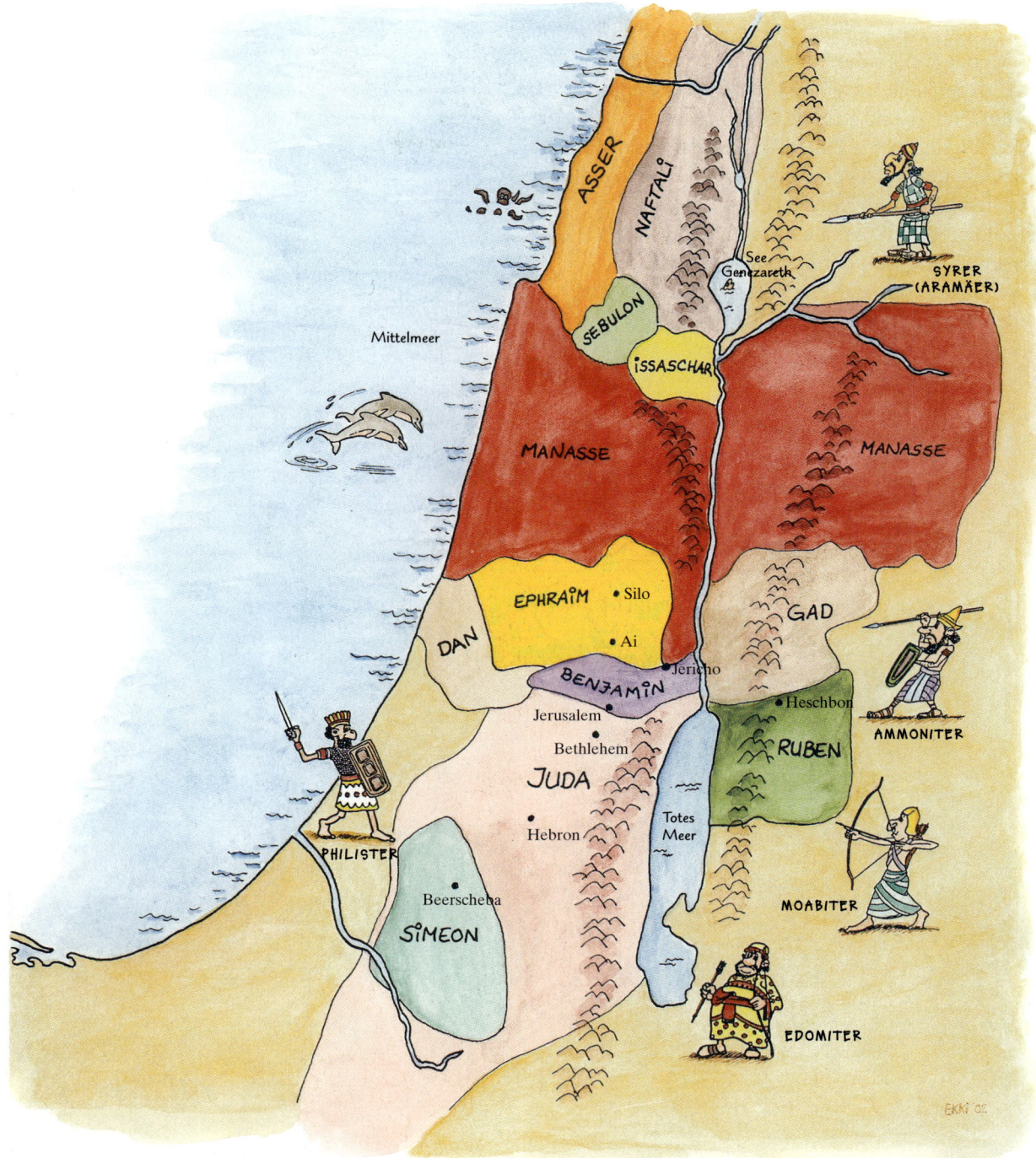

1. Israel ist in 12 Stämme unterteilt, die nach den 12 Söhnen Jakobs benannt sind. Wie heißen die 12 Stämme des Volkes Israel? Schreibe sie von Nord nach Süd in dein Heft und ordne ihnen wichtige Städte zu.

2. Die 12 Stämme kann man unterteilen in die Südstämme und die Nordstämme. Das Gebiet der Südstämme zusammen nennt man auch „Juda". Zu ihnen gehören die Stämme Juda und Simeon. Das Gebiet der Nordstämme nennt man auch „Israel". Welche Stämme gehören dazu?

3. Welche Völker leben an den Grenzen Israels?

Israel will einen König

Immer wieder greifen die Philister die Israeliten an. Sie töten dabei viele Israeliten und zerstören immer wieder die Häuser und Ernten. Die Philister sind den Israeliten überlegen: Sie haben Waffen aus Eisen, sie besitzen ein Berufsheer, das ständig trainiert, und sie werden von einem König straff geführt.
Die Israeliten wollen nun auch einen König haben. Aus diesem Grund ruft der Prophet Samuel eine Versammlung ein, die darüber entscheiden soll. Aus jedem der 12 Stämme nimmt ein Vertreter daran teil.

Wir würden endlich zu einem richtigen starken Volk vereinigt.

Ob es uns gut geht, hängt nicht davon ab, ob wir einen König haben oder nicht. Ich enthalte mich der Stimme.

Israel braucht keinen König, weil es schon einen unsichtbaren hat, nämlich Gott.

Ein König braucht einen Hofstaat und großen Besitz. Er würde unsere Söhne und Töchter an seinen Hof holen und unsere besten Felder und Weinberge wollen.

Wir müssten dann Steuern bezahlen.

Ein König könnte die Streitereien zwischen unseren Stämmen endlich beenden.

Es gäbe endlich eine einheitliche Rechtsprechung.

1. Aus welchen drei Gründen waren die Philister den Israeliten im Kampf überlegen?

2. Wertet die Argumente aus. Sammelt in einer Tabelle: Welche Argumente sprechen für und welche gegen einen König?

3. Welches Argument wird wohl für Samuel das wichtigste gewesen sein?

4. Die Stammesvertreter stimmen entsprechend ihren Äußerungen ab. Mit welchem Ergebnis endet die Abstimmung?

5. Israel will einen König. Sammelt in Partnerarbeit Eigenschaften, die eurer Meinung nach ein guter König haben sollte.

Ausgerechnet der Kleine!

Aus Davids Tagebuch

<u>Name:</u> David
<u>Alter:</u> 13
<u>Wohnort:</u> Bethlehem

<u>Beruf:</u> Schafhirte bei meinem Vater

<u>Geschwister:</u> 7 ältere Brüder

<u>Hobbys:</u> Harfe- und Flötespielen

<u>Größtes Abenteuer:</u>
Meine Schafe gegen einen Löwen verteidigt

<u>Was ich gut kann:</u>
Gedichte und Lieder schreiben,
mit der Schleuder umgehen

Montag, 12. März 1023 v. Chr.
Heute großes Fest – mit Musik und Tanz!
Deborah hat gefragt, ob wir zusammen hingehen
können. Vielleicht darf ich Harfe spielen – ich habe
extra ein neues Lied komponiert.
Zum ersten Mal in der Geschichte unseres Volkes
haben wir einen König. Der Prophet Samuel hatte
auf Gottes Weisung hin Saul schon vor einiger Zeit
zum König gesalbt. Heute wurde Saul auch von
allen 12 Stämmen zu unserem König gewählt.
Saul ist super: groß, stark und er gewinnt immer.
Alle wollen für ihn kämpfen. Jetzt können die
Philister kommen.

Donnerstag, 17. September 1023 v. Chr.
Schon wieder eine Siegesfeier! Weil Gott ihm hilft,
gewinnt Saul mit seinem Heer alle Schlachten. Nachdem er bereits die Ammoniter, die Moabiter, die
Edomiter und die Amalekiter besiegt hat, hat er jetzt
auch unsere schlimmsten Feinde, die Philister, verjagt.
Super, Saul!
Wenn Tobias heute wieder Witze über Saul macht,
gibts was auf die Ohren.

Dienstag, 5. Mai 1022 v. Chr.
Schlimme Zeiten! Saul war gegen Gott ungehorsam,
und jetzt hilft ihm Gott nicht mehr. Saul ist krank
geworden. Er bekommt häufig Anfälle. Wir verlieren
viele Kämpfe. Die Philister erobern immer mehr Land
von uns und töten unsere Soldaten. Wenn ich doch
nur schon älter wäre, damit ich mitkämpfen könnte.
Meine Freunde und ich würden es den Philistern
schon zeigen.

Mittwoch, 25. Oktober 1022 v. Chr.
Heute ist etwas ganz Merkwürdiges passiert. Weil
ich fast den ganzen Tag bei den Schafen war, habe
ich von allem nur den Schluss mitbekommen. Aber
meine Brüder haben mir alles erzählt. Heute Morgen
ist völlig überraschend Samuel, der Prophet, auf
unseren Hof gekommen. Er sagte zu meinem Vater:
„Ich will Gott ein Opfer bringen. Hole dazu auch
alle deine Söhne herbei." Dann ließ sich Samuel alle
meine Brüder vorstellen. Jeden Einzelnen von ihnen
schaute er lange und irgendwie prüfend an. Es war,
als ob Samuel dabei auf eine innere Stimme hören
würde. Und jedes Mal schüttelte Samuel den Kopf
und sagte: „Auch ihn hat Gott nicht erwählt."

Schließlich fragte Samuel meinen Vater: „Sind das
alle deine Söhne?" Mein Vater antwortete: „Nein,
unser Jüngster fehlt noch. Aber der ist doch noch viel
zu klein. Er hütet auf dem Feld die Schafe." Doch
Samuel sagte etwas Eigenartiges: „Für die Menschen
ist wichtig, was sie mit ihren Augen sehen können.
Gott aber sieht das Herz eines Menschen an."
Da ließ mein Vater mich holen. Auch mich blickte
Samuel prüfend an. Wieder war er ganz in sich
versunken. Doch plötzlich ließ er mich niederknien.
Er holte ein Widderhorn, gefüllt mit Öl, aus seiner
Tasche und goss etwas davon auf meine Haare.
Samuel, der Prophet Gottes, salbte mich!!! Was hat
das zu bedeuten? Was hat Samuel mit mir vor?
Oder hat gar Gott Pläne mit mir?

1. In welche zwei Phasen kann man die Königsherrschaft Sauls einteilen? Ordnet diesen Phasen jeweils Ereignisse aus Davids Tagebuch zu.

2. Saul war gegen Gott ungehorsam. Was könnte er getan haben?

3. Zeichne die Bildsymbole dieser Doppelseite in dein Heft und schreibe jeweils in einem Satz dazu, was sie mit David zu tun haben, z. B. 🎵: *David kann gut Harfe spielen.*

4. Samuel sagt: „Für die Menschen ist wichtig, was sie mit ihren Augen sehen können. Gott aber sieht das Herz eines Menschen an." Was bedeutet dieser Satz?

5. Was meint ihr, wie muss ein König regieren, damit es Gott gefällt?

Freitag, 19. November 1022 v. Chr.

Meine ganze Familie, besonders aber mein Vater, machen sich große Sorgen um mich. Alle meinen, dass Samuel mich zum künftigen König von Israel gesalbt hat. Meine Brüder befürchten nun, dass ich eingebildet werden und mich für etwas Besseres halten könnte. Aber wenn ich nun halt mal König werden soll ... Mein Vater sagt, wenn Saul erfährt, dass Samuel mich als seinen Nachfolger ausgewählt hat, lässt er mich sofort umbringen, damit er an der Macht bleiben kann. Mich umbringen — das soll er nur mal versuchen.

Donnerstag, 5. Februar 1021 v. Chr.

Eine Katastrophe! Soldaten von Saul sind gekommen, um mich an seinen Hof zu holen. Angeblich soll ich Saul bei seinen Anfällen mit meinem Harfenspiel aufheitern. Ob das alles nur eine Falle ist? Wird Saul mich töten? Werde ich meine Familie und meine Heimat je wieder sehen?

Vielleicht hat ja auch alles sein Gutes, und ich lerne ein paar neue Freunde oder Freundinnen kennen. Ich vertraue auf Gott.

Davids Weg zum Königsthron

David – neuer Nationalheld?

Nachdem unser neuer Heerführer David mit seinen Soldaten die Philister vernichtend geschlagen hatte, wurde er wie ein König in Jerusalem empfangen. Das ganze Volk jubelte ihm zu und sang Sauls altes Siegeslied mit einem neuen Text: „Saul hat tausend erschlagen, David aber zehntausend."

David auf der Flucht

Wie heute bekannt wurde, ist David aus dem Königshof geflohen. Er soll sich mit Freunden in den Bergen versteckt halten.

Angeblich versuchte Saul, seinen obersten Heerführer und Schwiegersohn David zu töten – aus Eifersucht. „Er hat die Begeisterung über David nicht mehr ertragen, fühlte sich zurückgesetzt", heißt es in gut informierten Kreisen. Ausgerechnet Sauls Sohn Jonathan habe David gewarnt und zur Flucht geraten. Offensichtlich verbindet beide eine tiefe Freundschaft.

Ein Wunder: Harfenspieler besiegt Philister-Kampfmaschine

Socho/Juda. Jubel im Lager der Israeliten: Die übermächtigen Philister sind überraschend geschlagen, der riesige Goliath getötet, von einem unbedeutenden Harfenspieler namens David.

Schlecht stand es um das israelitische Heer. Tag für Tag morgens und abends forderte der furchtbare Riese Goliath mit seiner schweren Rüstung und seinen riesigen Waffen uns heraus: „Ihr Schlappschwänze, ihr Muttersöhnchen, ihr Knechte Sauls! Wählt euren besten Mann aus und schickt ihn her zu mir. Wenn er mich töten kann, dann werden wir eure Sklaven sein. Aber wenn ich ihn erschlage, sollt ihr unsere Sklaven sein. Wo ist der Mann, der es mit mir aufnehmen kann? Ihr Feiglinge, wo bleibt denn euer Gott?"

Trotz der hohen Belohnung (Königstochter zur Ehefrau, Steuerfreiheit für die ganze Familie) traute sich keiner unserer Soldaten. Bis auf den Harfenspieler David, der zufällig in unserem Heerlager war: „Ich kämpfe im Namen Gottes!" Mit diesen Worten tritt er vor, ohne Panzer, Helm und Schwert – nur mit einer Steinschleuder bewaffnet. Als Goliath David sieht, lacht er laut – einen Augenblick später ist er tot. Ein Stein hat ihn an der Schläfe getroffen. Die Philister sind geschockt und fliehen.

Harfentherapie für Saul

David, ein Hirtenjunge aus Bethlehem und ein begnadeter Harfenspieler, ist seit heute an unserem Königshof. Er soll mit seinem Harfenspiel die Nerven von König Saul beruhigen. Hoffentlich klappts!

David zum schlimmsten Feind übergelaufen?

Auf seiner Flucht vor Saul hat sich David zu den Philistern abgesetzt. Er kämpft nun mit seinen Männern für den König der Philister. Dafür bekommen er und seine Freunde Nahrung und Unterkunft. Die wichtigste Bedingung Davids allerdings war, dass er nie gegen sein Volk Israel kämpfen muss.

Es lebe König David

Nachdem Saul in der Schlacht gegen die Philister getötet wurde, haben sowohl die Südstämme (Juda) als auch die Nordstämme (Israel) David einstimmig zum neuen König gewählt. Wie erst jetzt bekannt wurde, hat der Prophet Samuel David schon vor Jahren in Gottes Auftrag zum König gesalbt.

1. Schreibt die Überschriften der Nachrichten in der richtigen zeitlichen Reihenfolge an die Tafel.

2. Beschreibt die wichtigsten Stationen auf Davids Weg zum Königsthron. Erstellt in eurem Heft eine siebenstufige Treppe zu Davids Aufstieg. Schreibt in zeitlich richtiger Reihenfolge in jede Stufe eine der folgenden Aussagen. Beginnt unten und zeichnet ganz oben eine Krone.

David wird Heerführer bei Saul.

David kommt an den Königshof und spielt Harfe vor König Saul.

David befehligt eine Söldnerschar bei den Philistern.

David, ein Hirtenjunge aus Bethlehem, wird von Samuel zum König gesalbt.

Nach Sauls Tod wird David König.

David tötet Goliath.

David ist auf der Flucht vor Saul.

3. Schreibt in Kleingruppen einen kurzen Zeitungsbericht über den Kampf zwischen David und Goliath.

4. Warum wagt es David, gegen Goliath zu kämpfen?

5. Welche Gefühle und Gedanken mögen David vor dem Kampf durch den Kopf gegangen sein? Er betet. Formuliert ein Gebet, das David gesprochen haben könnte.

König David

Jerusalem – die Stadt Davids

David war zum gemeinsamen König der Südstämme (Juda) und der Nordstämme (Israel) aufgestiegen. Aber es gab immer mal wieder Streitigkeiten zwischen den Nord- und den Südstämmen. Von welchem Ort aus sollte David seine Herrschaft ausüben? Wenn er in einer Stadt der Nordstämme residierte, waren die Südstämme eifersüchtig, und umgekehrt war es genauso.

„Ich brauche eine Hauptstadt", sagt David zu seinem Hauptmann Joab. „Eine Hauptstadt, die zwischen Juda und Israel liegt. Eine Stadt mit einer Stadtmauer. Eine Stadt auf einem Berg, damit sie niemand einnehmen kann. Gibt es eine solche Stadt, Joab?"„Natürlich", sagt Joab, „Jerusalem!"David lacht: „Jerusalem gehört nicht uns. Die Stadt gehört den Jebusitern. Wir müssten sie erobern. Aber Jerusalem liegt auf einem Berg und hat eine Stadtmauer. Nahrung haben die Jebusiter genug, und dank ihrer Quelle geht ihnen auch das Wasser nicht aus. Man sagt, Lahme und Blinde können Jerusalem verteidigen, so stark ist die Stadt befestigt!"

David lagert mit seinem Heer schon zwei Wochen vor Jerusalem, und alle Versuche, die Stadt zu erobern, sind gescheitert. Da stürmt plötzlich Joab ins Zelt Davids und schreit laut: „Jetzt kriegen wir sie! Und wir brauchen gar nicht viele Soldaten. Deine Leibwache müsste reichen. Ein Soldat hat dies entdeckt und ich habe eine Zeichnung gemacht."

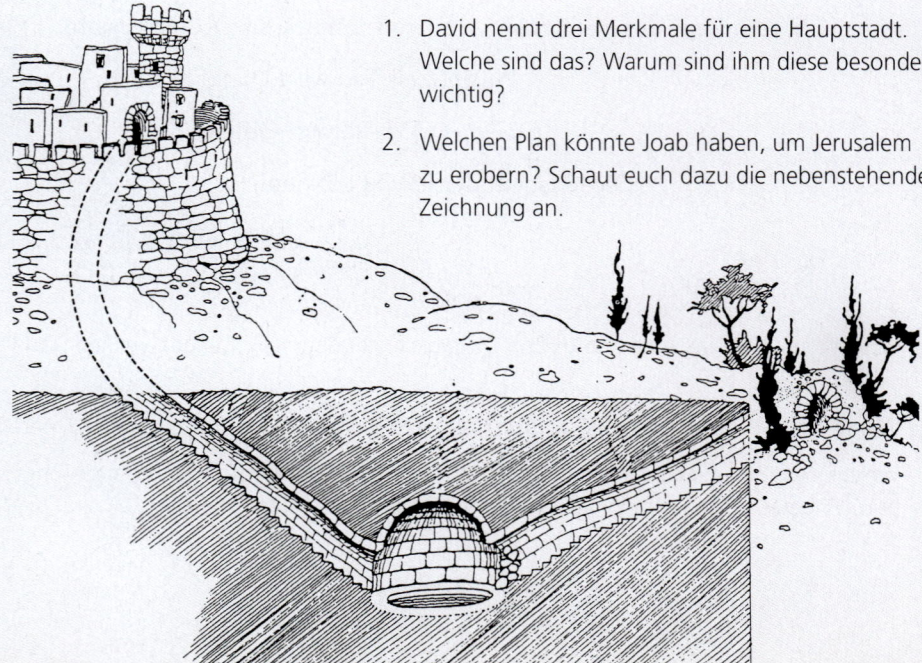

1. David nennt drei Merkmale für eine Hauptstadt. Welche sind das? Warum sind ihm diese besonders wichtig?

2. Welchen Plan könnte Joab haben, um Jerusalem zu erobern? Schaut euch dazu die nebenstehende Zeichnung an.

In einem kurzen, schweren Kampf erobert David Jerusalem. Seine Leibwache dringt durch einen Wasserschacht ein, der von der Quelle außerhalb der Stadt in das Innere führt.

3. Übertragt die Zeichnung in euer Heft. Zeichnet rot den Weg ein, auf dem David mit seiner Leibwache in die Stadt eindringt.

> David erobert Jerusalem mit seiner Leibwache, von jetzt an ist Jerusalem „seine Stadt", „Davids Stadt". Er macht Jerusalem zur Hauptstadt seines Reiches und baut die Burg auf dem Hügel Zion zu seinem Palast aus. Danach lässt David das größte Heiligtum des Volkes Israel, die Bundeslade mit den Gesetzestafeln, nach Jerusalem in ein besonderes Zelt neben dem Palast bringen. Jetzt „wohnt" auch Gott auf Zion. Jeder soll wissen, dass Gott der wahre König über Israel ist. Die Stadt wird dadurch geheiligt und Sinnbild für die Königsherrschaft in seinem Volk.

Was Gott dem König David verspricht

Der Prophet Nathan spricht zu David:
„So spricht der Herr:
Ich habe dich zum König über mein Volk Israel gemacht. Ich will dich berühmt machen in aller Welt. Und ich will meinem Volk Israel eine Heimat geben, ein Land, in dem es bleiben und sich niederlassen kann, dass es dort wohne und sich nie mehr ängstigen müsse vor fremden und gottlosen Völkern.
Und der Herr verkündigt, dass er dir ein Haus bauen will.
Wenn nun deine Zeit um ist, und du dich zu deinen Vätern schlafen legst, will ich einen deiner Söhne als deinen Nachfolger einsetzen und seine Herrschaft festigen. Dieser soll mir dann einen Tempel bauen, und ich werde seinem Königtum Bestand geben für alle Zeiten.
Dein Haus und deine Nachkommen sollen für alle Zeiten König sein und dein Thron soll ewiglich bestehen."

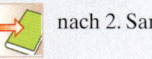 nach 2. Samuel 7,5–15

1. Was verspricht Gott David?
   Schreibe aus den folgenden Begriffen das heraus, was Gott David verspricht:

   Macht, Geld, Frauen, Ruhm, Herrschertum, Vieh, ewiges Königtum, Glück, Heimat, Schönheit, Frieden, Haus, ewige Jugend, Weisheit, Gesundheit, Sohn, Kraft, Königtum für den Sohn, Kühnheit, Zauberkräfte, Zufriedenheit, Siege im Krieg

2. Welches Versprechen erscheint euch am wichtigsten?

David macht einen großen Fehler

David – Mörder und Ehebrecher

Ich bin der Prophet Nathan, der Nachfolger von Samuel. Ich muss dafür sorgen, dass die Gebote Gottes eingehalten werden. Und jetzt habe ich Angst – Todesangst! Wenn David erfährt, was ich herausgefunden habe, bin ich in größter Gefahr. Es gibt keinen Zweifel mehr: Unser geliebter König David ist ein Mörder und Ehebrecher. Die Beweise sind unerschütterlich. Was soll ich bloß machen?

- Beweis: Foto: 2. Februar 975 v. Chr., morgens: David beobachtet eine fremde Frau beim Baden

- Nachforschung: Bei der Frau handelt es sich um Batseba, die Ehefrau des Offiziers Uria. Uria ist seit längerem mit seinem Heer im Krieg gegen die Ammoniter.

- Beobachtung: 2. Februar 975 v. Chr., abends: Ein Diener holt Batseba in den Königspalast. Batseba verlässt den Königspalast erst wieder am nächsten Morgen.

- Beobachtung: Ein Herz mit den Buchstaben D und B, das in einen Baum geschnitzt wurde.

- Beobachtung: 30. März 975 v. Chr.: Batseba trifft sich mit David im Park. Sie scheint ihm etwas Wichtiges mitzuteilen. Beide sind aufgeregt! Was könnte sie ihm nur gesagt haben?

- Beobachtung: 25. August 975 v. Chr.: Komisch, Batseba scheint immer dicker zu werden.

- Brief (wurde mir heimlich zugespielt): Jerusalem, 30. August 975 v. Chr. Streng geheim! An meinen Hauptmann Joab! Greift die Ammoniter an! Stelle den Offizier Uria dorthin, wo der Kampf am gefährlichsten ist! Zieht euch dann plötzlich zurück! Lasst Uria im Stich, damit er vom Feind getötet wird!
  Unterschrift: König David

- Todesanzeige: 15. September 975 v. Chr.: Der Offizier Uria ist im Kampf gegen die Ammoniter gefallen.

- Geburtsanzeige: 2. November 975 v. Chr.: Batseba wurde heute von einem gesunden Baby entbunden. Es ist ein Junge.

- 15. September 974 v. Chr.: David heiratet Batseba.

1. Wertet die Beweisstücke aus. Beschreibt, was genau passiert ist. Gegen welche der zehn Gebote hat David verstoßen?

2. Nathan will die Ergebnisse seiner Untersuchungen veröffentlichen. Verfasst einen kurzen Bericht für Nathan. Beginnt so: Ich, Nathan, Prophet Gottes, bin folgendem Verbrechen auf die Spur gekommen …

3. Was wird David wohl tun, wenn ihm Nathan seine Schuld direkt auf den Kopf zusagt?

4. Was soll Nathan tun?

Strafe und Vergebung

Nathan geht zu David. „Ich will dir eine Geschichte erzählen", beginnt Nathan. „In einer Stadt leben zwei Männer. Einer ist reich. Er lebt in einem großen Gutshof und besitzt viele Schafe und Rinder. Der andere ist arm. Er hat nur ein einziges kleines Lamm. Er versorgt es liebevoll und zieht es zusammen mit seinen Kindern groß. Es darf in seiner Hütte wohnen und spielt mit seinen Kindern. Wenn es müde ist, nimmt er es auf seinen Schoß. Es ist für ihn wie ein eigenes Kind.

Eines Tages bekommt der reiche Mann Besuch. Er will seinem Gast ein gutes Essen vorsetzen. Weil er aber keines seiner Schafe hergeben will, nimmt er dem armen Mann sein einziges Schäfchen weg und schlachtet es."

David springt auf und ruft: „Das ist eine Gemeinheit. Ich bin der König und ich befehle, dass der reiche Mann mit dem Tode bestraft wird!"

Nathan erwidert: „Dieser Mann bist du!"

David starrt den Propheten an. Lange steht er so da. Es dauert einige Zeit, bis er alles begriffen hat. Dann bricht er zusammen, fällt auf seine Knie, verbirgt das Gesicht in seinen Händen und weint.

„Ich habe Gottes Gebote übertreten, ich habe gesündigt", sagt er schließlich. „Ich habe mir selbst das Todesurteil gesprochen."

Nathan erwidert: „Wenn du deine Schuld einsiehst und bereust, vergibt dir Gott.

Du musst nicht sterben. Aber der Sohn, den Batseba dir geboren hat, der wird sterben."

Und so geschah es. Das Kind wurde krank und starb. David und Batseba waren sehr traurig über den Tod ihres Kindes. Nach einiger Zeit bekamen sie einen zweiten Sohn. Sie nannten ihn Salomo.

 nach 2. Samuel 12,1–25

1. Nathan erzählt David ein Gleichnis. Warum sagt er ihm nicht direkt, was er will?

2. Was hat das Gleichnis mit David zu tun? „Übersetzt" es in eurem Heft, indem ihr die Bedeutungen auf dem Zettel rechts denen aus dem Gleichnis richtig zuordnet:

Armer Mann   →   *Offizier Uria*
Dessen einziges Lamm
Reicher Mann
Reicher Mann nimmt armem Mann Lamm weg
Strafe: Todesurteil für den reichen Mann

König David;
Todesurteil für David;
David nimmt Uria die Ehefrau weg;
Urias Ehefrau Batseba

3. David hat große Schuld auf sich geladen. Was glaubt ihr: Warum hält Gott trotzdem noch an ihm fest?

Der weise König Salomo

Salomos Traum

David war 40 Jahre lang König in Israel. Als er starb, wurde sein Sohn Salomo König. Salomo aber war noch jung und machte sich große Sorgen. Sicher, David, sein Vater, hatte ihn zu seinem Nachfolger bestimmt und die Priester hatten ihn gesalbt. Ob er deshalb aber schon ein guter König sein würde? Was musste er tun, damit er ein guter König würde? Wie sollte er nur die Verantwortung für ein ganzes Volk tragen?

Da erschien ihm Gott im Traum und sprach zu ihm: „Erbitte etwas von mir, das ich dir geben soll!" „Ach Herr", antwortete Salomo, „du hast mich zum König gemacht. Aber ich bin noch so jung, ich habe keine Erfahrung. Darum bitte ich dich: Gib mir ein gehorsames Herz. Lass mich verstehen und tun, was du willst, dann werde ich ein weiser und gerechter König sein."

Das gefiel Gott. „Ich freue mich, dass du dir nicht ein langes Leben gewünscht hast, auch nicht Reichtum oder den Sieg über deine Feinde", sagte er. „Ich will dir geben, worum du gebeten hast: kluge Gedanken und ein weises, gehorsames Herz. Und alles, worum du nicht gebeten hast, will ich dir noch dazu geben: Reichtum und Ehre. Auch ein langes Leben will ich dir schenken, wenn du dich an meine Gebote hältst."

Als Salomo am Morgen aufwachte, war ihm alles noch genau in Erinnerung. Er dankte Gott und ging zurück nach Jerusalem. Jetzt wollte er mit der großen Aufgabe beginnen, die sein Vater David ihm aufgetragen hatte: Er wollte für Gott einen Tempel bauen.

 nach 1. Könige 3,5–15

1. Was hätte sich Salomo alles von Gott wünschen können?

2. Was wünscht sich Salomo von Gott? Was denkt ihr über seine Einstellung?

3. Stellt euch vor, ihr seid König Salomos Hofarchitekt. Zeichnet einen Tempel, wie ihr ihn für Gott bauen würdet.

Ein salomonisches Urteil

Gerichtsprotokoll
Richter: König Salomo
Kläger: Zwei Frauen
Beklagte: dieselben Frauen

Salomo: Tretet vor. Was ist euer Anliegen?
1. Frau: König Salomo! Diese Frau und ich
wohnen im gleichen Haus. Vor kurzem
brachte ich einen Sohn zur Welt. Zwei Tage
später bekam auch jene Frau einen Sohn.
Aber eines Nachts, als sie sich im Schlaf im
Bett drehte, erdrückte sie ihr Kind. Es starb.
Da stand sie auf, nahm mir meinen Sohn
heimlich weg und legte ihren toten Jungen
neben mich. Ich merkte den Betrug erst am
anderen Morgen, als ich meinem Sohn zu
trinken geben wollte. Ich sah sofort, dass der
tote Junge nicht mein Kind war.
2. Frau: Sie lügt! Das lebende Kind ist mein
Sohn. Das tote Kind ist ihr Sohn.
*Handgemenge zwischen den Frauen, wüste,
gegenseitige Beschimpfungen.*
Salomo: Jede von euch behauptet das Gleiche.
Aber niemand weiß, welche von euch die
Wahrheit spricht. – Diener! Hol ein Schwert!
Der Diener kommt mit einem großen Schwert.
Salomo: Hau das lebende Kind in zwei Teile
und gib jeder Frau eine Hälfte!
1. Frau schreit entsetzt: Nein, König Salomo!
Gib das Kind der anderen Frau, aber lass es
am Leben.
2. Frau: Was der König befohlen hat, soll
geschehen.
Salomo: Töte das Kind nicht! Gib es der
ersten Frau! Sie wollte nicht, dass es sterben
sollte. Sie ist die wirkliche Mutter!

 nach 1. Könige 3,16–28

1. Beschreibt das Problem, mit dem sich die beiden Frauen an
   Salomo wenden.

2. Warum sagt Salomo, dass er das Kind zerteilen will?

3. Wie erkennt Salomo, wer die richtige Mutter ist?

Weil Salomo so klug und reich war, wurde er sehr berühmt. In allen umliegenden
Ländern erzählte man sich von dem weisen König Salomo, der nicht nur Baupläne
entwarf, Handelsabkommen schloss und Gerichtsurteile fällte, sondern auch viele
Lieder dichtete.
Aber obwohl Salomo erkennen konnte, dass Gott sein Versprechen hielt, blieb er
ihm nicht treu. Als er alt war, ließ er sich von seinen Frauen verführen, den Göttern
anderer Völker zu opfern. Und als er starb, brach sein Königreich auseinander.

Bei Jesus zu Hause

In einem fächerübergreifenden Projekt erstellen die Schüler und Schülerinnen einer
6. Religionsklasse ein „Schulheft von Jesus". Sie möchten sich genau in Jesus und
seine Lebenswelt hineinversetzen. Dazu überlegen sie sich, was Jesus in seiner Zeit
wohl gelernt haben könnte und wie seine Hefteinträge ausgesehen haben könnten,
wenn es damals eine Schule wie heute gegeben hätte.

Meine Heimat: Israel

N

Ptolemais
Kapernaum
Betsaida
Galiläa
Kana
Genezareth
See Genezareth
~209 m
Nazareth
Berg Tabor 588 m
Berg More
Karmel
Dor
Nain
Dekapolis
Cäsarea
Skythopolis
Jordan
Peräa
1247
MITTELMEER
Apollonia
Sychar 881 m
Samarien
Joppe
Judäa
821
Jerusalem
Ölberg
Jericho
997
Betanien
Aschkelon
Bethlehem
Totes Meer ~392 m
1019
Idumäa
Hebron

0   10   20 km

Umwelt Jesu

Hausaufgaben für Jesus:

I. Kennzeichne mit einem roten Kreis deinen Wohnort.

II. Welche Stadt und welche Gegend gefällt dir besonders gut?

III. Was war bisher deine weiteste Reise? Beschreibe kurz den Anlass und trage die Reiseroute in die Landkarte ein.

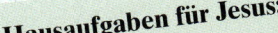

Hausarbeit

II.: Am besten gefällt es mir am See Gene-zareth und in Kapernaum. Ich schaue gern den Fischern bei der Arbeit zu.

III.: Anfang dieses Jahres war ich mit meinen Eltern in Jerusalem beim Passafest. Eigentlich war es ganz schön. Vor allem im Tempel hat es mir super gefallen. Leider gab es zum Schluss noch Stress mit meinen Eltern. Das war nicht so schön.

1. Wo wächst Jesus auf? In welcher Gegend gefällt es ihm gut?

2. Jesus war mit seinen Eltern zum Passafest in Jerusalem. Lest in der Bibel bei Lukas 2,41–52 nach, warum es zum Schluss „Stress mit seinen Eltern" gab.

3. Berechnet die Entfernung zwischen Nazareth und Jerusalem (Maß-stab!). Wenn Jesus mit seiner Familie ungefähr vier Kilometer in der Stunde zurückgelegt hat, wie lange war er dann unterwegs?

4. Durch welche Landschaften, Städte etc. ist Jesus auf seinem Weg nach Jerusalem gekommen?

5. Welche Berge, Flüsse und Orte erkennt ihr auf der Landkarte?

6. Was für Landschaften erkennt ihr?

Wir werden von den Römern beherrscht

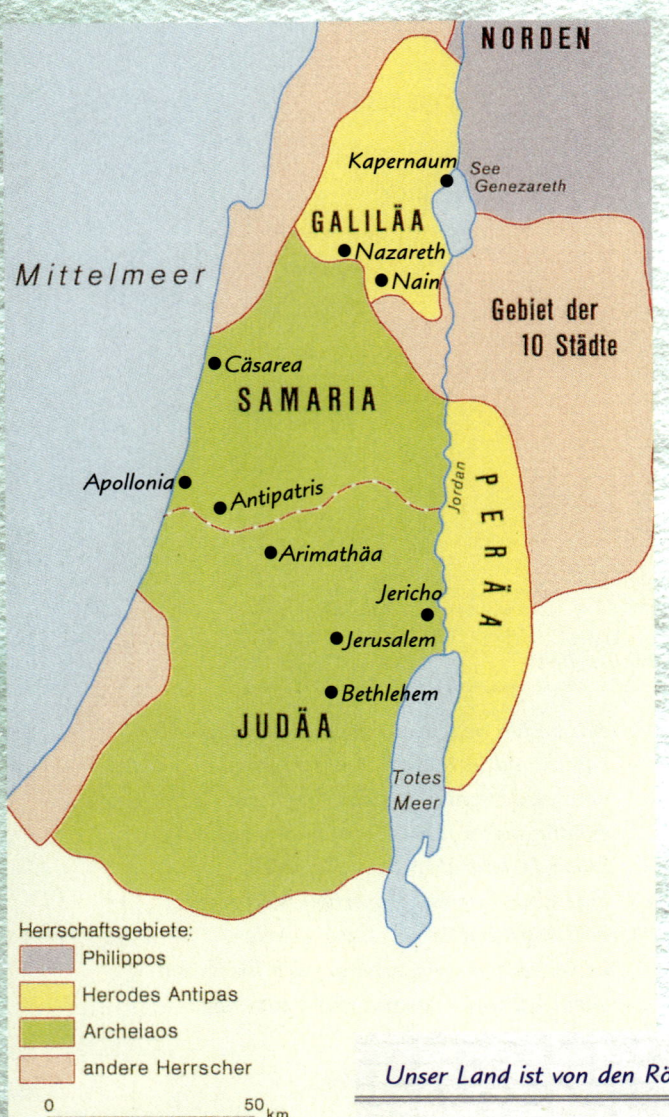

NORDEN

Kapernaum

See Genezareth

GALILÄA

Mittelmeer

Nazareth

Nain

Gebiet der 10 Städte

Cäsarea

SAMARIA

Apollonia

Antipatris

P E R Ä A

Jordan

Arimathäa

Jericho

Jerusalem

Bethlehem

JUDÄA

Totes Meer

Herrschaftsgebiete:
Philippos
Herodes Antipas
Archelaos
andere Herrscher

0   50 km

Unser Land ist von den Römern besetzt

Nachdem die Römer unser Land erobert haben, haben sie nun die
Macht bei uns. Überall sieht man bewaffnete römische Soldaten.
Es gilt nur noch das römische Recht, und wir bezahlen mit römischen
Münzen. Israel ist nur noch eine Provinz des römischen Reiches.
Jede Provinz hat einen Statthalter oder einen von den Römern
abhängigen König, der für Recht und Ordnung sorgt. Nachdem
der König Herodes gestorben war, wurde Israel unter seinen Söhnen
aufgeteilt: Herodes Antipas ist jetzt der Herrscher über Galiläa,
Herodes Archelaos war Herrscher über Judäa und Samaria.
Als er wegen seiner Grausamkeiten verbannt wurde, setzte der
römische Kaiser Augustus einen Statthalter oder Prokurator für
Judäa und Samaria ein. Zur Zeit heißt der Pontius Pilatus.

Hausaufgabe für Jesus:

Schreibe einen kurzen Aufsatz zu dem Thema: „Mein Erlebnis mit den Römern".

Mein Erlebnis mit den Römern

Neben uns wohnte Daniel mit seiner Familie. Daniel war stark, ein guter Kämpfer und hatte vor niemandem Angst. Obwohl er älter war als ich, war er mein Freund. Er hat mir vieles beigebracht.

Daniel fand, dass wir Juden in unserem eigenen Land selbst bestimmen sollten und nicht die Römer. Weil seine Reden den Römern nicht gefielen, wurde Daniel verhaftet und drei Monate lang eingesperrt. Anscheinend wurde er dabei auch gefoltert.

Als er wieder zu Hause war, war er ganz verbittert und hat die Römer noch mehr gehasst als vorher. Er ist dann mit einigen Freunden in die Berge geflohen und hat begonnen, römische Soldaten aus dem Hinterhalt zu überfallen. Einige sind dabei auch getötet worden.

Die Römer haben Daniel überall gesucht, aber er war zu schlau für sie. Sie haben sogar eine Belohnung ausgesetzt für den, der ihnen Daniel ausliefert.

Dann wurde Daniel im Kampf mit den Römern schwer verletzt. Seine Freunde haben ihn heimlich nach Hause gebracht. Dort haben ihn seine Eltern gepflegt. Aber irgendjemand muss ihn an die Römer verraten haben. Denn eines Morgens, alles war noch ganz dunkel, war plötzlich die ganze Straße voll römischer Soldaten. Sie haben Daniel herausgeholt. Hundert gegen einen! Und obwohl sie ihn geschlagen haben und er verletzt war, hat er sich ihnen nicht unterworfen. Er war ein Held. Sogar als sie ihn weggeschleift haben, hat er die Römer noch ausgelacht und verspottet. Da habe ich ihn auch zum letzten Mal gesehen.

1. Beantworte schriftlich die folgenden Fragen:
   a) In welche drei Gebiete ist Israel unterteilt?
   b) Wer sind die Herrscher in den einzelnen Gebieten?
   c) In welchen Herrschaftsgebieten liegen die folgenden Städte: Jerusalem, Cäsarea, Bethlehem, Kapernaum, Nain?

2. Welche Möglichkeiten gibt es für ein Volk, das von einem anderen Volk unterdrückt wird, sich von seinen Unterdrückern zu befreien?

In unserem Volk gibt es verschiedene Gruppierungen

Verschiedene Gruppen

Es gibt in Israel viele Menschen, die hoffen, dass die Herrschaft der Römer bald zu Ende geht und dass das Reich Gottes anbrechen wird. Wie das gehen soll, darüber gehen die Meinungen der einzelnen Gruppen weit auseinander. Auf der Seite derjenigen, die Gewalt fordern, stehen die Zeloten. Auf der anderen Seite stehen die Qumranleute, die Gewalt völlig ablehnen. Zwischen diesen beiden Gruppen sind die Pharisäer und Sadduzäer einzuordnen.

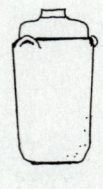

Hausaufgabe für Jesus

I. Ordne die Symbole den einzelnen Gruppen zu.

II. Unterstreiche in den folgenden Texten, was dir wichtig erscheint.

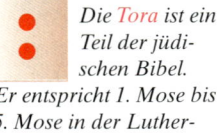

Die Tora *ist ein Teil der jüdischen Bibel. Er entspricht 1. Mose bis 5. Mose in der Lutherbibel.*

Zeloten

Sie zahlen aus religiösen Gründen keine Steuern an die Römer. Sie <u>kämpfen gegen die Römer</u>. Sie <u>leben nach der Tora und wollen das Reich Gottes mit Waffengewalt herbeiführen</u>. Sie <u>erwarten einen Messias, der die Römer mit militärischen Mitteln vertreibt</u>.

Qumranleute

Sie leben wie Mönche ehelos und ohne Besitz. Sie <u>lehnen die Römer ab, sind aber völlig gegen Gewalt</u>. In ihrem Hauptsitz Qumran, in der Wüste, nahe am Toten Meer, beschäftigen sie sich mit der wahren Lehre der Juden. Sie <u>leben streng nach den Vorschriften der Tora und beachten besonders die Reinheitsgebote ganz genau</u>. Sie sammeln die heiligen Schriften und schreiben sie ab. Sie <u>erwarten das Reich Gottes nach einem Kampf der „Söhne des Lichts" mit den „Söhnen der Finsternis"</u>.

Sadduzäer

Dies sind vornehme, hoch gestellte Leute sowie Priester. Sie <u>arbeiten mit den Römern zusammen</u> und haben dadurch Vorteile. Sie <u>leben nach der Tora</u> und <u>erwarten einen Priester als Messias</u>.

Pharisäer

Unter ihnen befinden sich Schriftgelehrte, aber auch Männer aus unterschiedlichen Berufen. Sie <u>lehnen die Römer ab, sind aber gegen Gewalt</u>. Sie <u>beachten die Tora und die Reinheitsgebote genau</u>. Sie <u>erwarten den Anbruch des Reiches Gottes, wenn die Weisungen Gottes eingehalten werden</u>.

1. Nimm dein Heft quer. Übertrage die Tabelle in dein Heft und ordne die Symbole und die von Jesus unterstrichenen Texte richtig zu.

	Qumranleute	Sadduzäer	Pharisäer	Zeloten
Symbol				
Beziehung zu den Römern				
Gesetzesverständnis				
Erwartung des Reiches Gottes				

2. Versucht anhand der verschiedenen Äußerungen zu erkennen, zu welcher Gruppe die einzelnen Personen gehören.

3. Formuliert für jede Person weitere Aussagen, die zu den Überzeugungen der jeweiligen Gruppe passen.

Hausaufgabe für Jesus

I. Beschreibe einen typischen Tag, wie du ihn zu Hause bei deiner Familie verbringst.

II. Welchen Beruf würdest du gerne erlernen? Wähle drei Berufe aus, die dir gefallen, und stelle sie jeweils durch eine kleine Zeichnung dar.

III. Schreibe auf, welche Berufe du sonst noch kennst.

Ein typischer Tag ohne Schule

Morgens werde ich so gegen 6 Uhr durch das Geräusch unserer steinernen Handmühle geweckt. Meine Mutter und meine Schwestern mahlen Getreide. Dann kneten sie den Teig und backen das Fladenbrot. Nach einem kurzen Frühstück gehe ich mit meinen älteren Brüdern auf unser Feld, um dort zu arbeiten, was halt gerade anfällt. Alle diese Arbeiten sind sehr hart, weil der Boden so steinig und trocken ist.
Meine Schwestern bleiben bei meiner Mutter zu Hause, verrichten die Hausarbeit und versorgen die kleinen Geschwister. Wenn sie mit 12 oder 13 Jahren heiraten, müssen sie das ja alles können. Mein Vater ist Zimmermann. Er arbeitet in seiner Werkstatt. Wenn ich mal etwas früher zurückkomme, helfe ich ihm. Am Abend trifft sich die ganze Familie wieder zum gemeinsamen Abendessen. Ich bin dann immer so müde, dass ich sofort einschlafe.

1. Welche Einrichtungsgegenstände finden sich in einem israelitischen Haus?

2. Zeichne einen Grundriss dieses Hauses in dein Heft.

3. Baue in einer Schuhschachtel ein solches Haus nach.

4. Vergleiche die Wohnung von Jesus mit deinem Zimmer. Beschreibe die Unterschiede.

5. Beschreibe einen typischen Tagesablauf von dir und vergleiche ihn mit dem von Jesus.

Was ich gerne werden würde

1. Zimmermann
Diesen Beruf hat mein Vater.

2. Fischer
Da könnte ich in Kapernaum am See Genezareth leben.

3. Bauer
Harte Arbeit, aber man hat immer was zu essen..

Welche Berufe ich noch kenne:
Schmied, Bäcker, Weber, Schneider, Töpfer, Steinhauer, Walker, Steinmetz, Ziegelmacher, Gold- und Silberschmied, Spinner, Fleischer, Händler, Zöllner.

Jesus, du bist doch so gut in Religion. Willst du nicht Wanderprediger oder Rabbi werden?

1. Wie beurteilt ihr die Auswahl der Berufe von Jesus?

2. Für welche drei Berufe würdest du dich zur Zeit Jesu jeweils entscheiden? Für welche heute?

3. Jesus zählt noch weitere Berufe auf. Ordne diesen Berufen die folgenden Erklärungen zu:

   - verarbeitet Metallblöcke zu Werkzeugen oder Waffen. Um das Metall zu schmelzen und zu bearbeiten braucht man sehr spezielle Geräte.
   - stellt aus dem Garn auf einem Webstuhl Stoffe her.
   - reinigt und bleicht nach der Schur von Schafen und Ziegen die Wolle.
   - spinnt die Wolle, indem er die Fäden mit Hilfe einer hölzernen Spindel zu Garn dreht.
   - näht zwei oder drei gewebte Teile mit der Hand zu einem Kleidungsstück zusammen.
   - formt auf einer Töpferscheibe Schüsseln und Krüge.
   - schlägt in den Bergen Steine, die zum Bauen benötigt werden.
   - behaut Quadersteine, damit sie beim Bauen genau aufeinander passen.
   - Aus Schlamm mit etwas Ton und Sand mit kleingeschnittenem Stroh als Bindemittel stellt er Ziegel her.
   - stellt aus Gold, Silber und Edelsteinen Schmuckstücke her.
   - handelt mit Waren.
   - backt Brot.
   - schlachtet und verarbeitet die Tiere zu Fleisch und Wurst.
   - verlangt von den Menschen Abgaben für ihre Waren, die sie in eine Stadt bringen wollen.

4. a) Montagsmaler: Teilt die Klasse in zwei Gruppen. Abwechselnd bekommt ein Zeichner auf einem Zettel einen Beruf gezeigt. Er zeichnet Symbole für diesen Beruf an die Tafel oder auf Folie. Die Gruppenmitglieder versuchen den gesuchten Beruf zu erraten. Die Zeit wird gestoppt.
   b) Scharade: Die einzelnen Berufe werden pantomimisch dargestellt.

5. Versuche, alle genannten Berufe den folgenden Oberbegriffen zuzuordnen: Handwerk, Bauhandwerk, Gewerbe, Kunstgewerbe.

Unsere Religion ist das Judentum
Der Mittelpunkt unserer Gemeinde ist die Synagoge

Die Synagoge:

In der Synagoge trifft sich die jüdische Gemeinde. Hier wird gemeinsam Gottesdienst
gefeiert, gebetet und in der Tora gelesen. An der Stirnseite der Synagoge steht ein schön
verzierter Schrank, der Toraschrein. Darin werden die Schriftrollen aufbewahrt, auf denen der Text der Tora steht. In jedem Gottesdienst wird ein Abschnitt daraus vorgelesen.
Die Schriftrolle wird dann auf dem Lesepult in der Mitte des Raums ausgebreitet. Vor
dem Toraschrein steht der siebenarmige Leuchter. Er erinnert an den Leuchter, der im
Tempel in Jerusalem brennt.

Beim Gottesdienst tragen die Männer ein kleines Käppchen auf dem Kopf und hüllen
sich in einen Gebetsmantel ein. Es ist ein Zeichen der Ehrfurcht vor Gott. Außerdem
wickeln sie beim Gebet einen schmalen Lederriemen um den linken Arm und die Stirn.
Kleine Kapseln sind daran befestigt, sie enthalten Toratexte. So schreibt es die Tora vor.
Und so wollen sie zeigen: Sie bewegen die Worte unserer Bibel im Kopf und im Herzen.

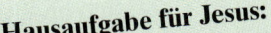

Hausaufgabe für Jesus:

Zeichne wichtige Gegenstände unseres Glaubens in dein Heft und schreibe ihren Namen darunter.

1. Übertrage die Synagoge auf der linken Seite als Grundriss in dein Heft und ordne den Teilen die richtige Erklärung zu:

   • Bankreihen
   • Lesepult für die Torarolle
   • Toraschrein mit den Torarollen an der nach Jerusalem ausgerichteten Wand
   • Podest für die Tora-Lesung

2. Bei der oben stehenden Hausaufgabe hat Jesus vergessen, die Namen unter die Gegenstände zu schreiben. Findet ihr heraus, wie sie heißen?

   Gebetsriemen, Gebetsmantel, Kippa, Menora (siebenarmiger Leuchter), Torarolle

3. Schreibe die fünf Namen in dein Heft und übertrage rechts daneben jeweils die richtige Bedeutung aus der folgenden Liste:

   • ist der wichtigste Teil der hebräischen Bibel und enthält die fünf Bücher Mose.
   • Kopfbedeckung als Zeichen der Ehrfurcht vor Gott.
   • wird beim Gebet um die Stirn und den linken Arm gewickelt, als Zeichen, dass man Gottes Gebote mit dem Kopf, dem Herzen und den Händen befolgen soll.
   • soll an den Leuchter erinnern, der im Tempel in Jerusalem brannte.
   • wird beim Gebet getragen. Die Schaufäden an den Enden sollen an die Einhaltung der Gebote Gottes erinnern.

Unser wichtigstes Fest: das Passafest

Hausaufgabe für Jesus:

Beschreibe, wie in deiner Familie der Sederabend, der Beginn des Passafestes, gefeiert wird. Wenn Du willst, kannst du etwas dazu zeichnen oder Bilder dazu einkleben.

Wie in unserer Familie der Sederabend gefeiert wird

Das Passafest dauert eigentlich acht Tage. Der Höhepunkt des Festes ist der erste Abend, der Sederabend. Schon Wochen vorher wurde unser ganzes Haus geputzt. Damit der Sederabend richtig ist, müssen folgende Dinge auf dem Tisch sein: drei Scheiben ungesäuertes Brot (Mazze), Lammkeule, bittere Kräuter, z. B. Meerrettich, Chavoset, das ist ein leckerer Brei, Petersilie, Gefäß mit Salzwasser, Ei.

Alle Dinge erinnern an den Auszug aus Ägypten:

- Erwachen der Natur, ein neuer Anfang wird möglich
- Brot, das vor der Flucht noch schnell gebacken wurde
- Lamm, das Gott geopfert wurde und mit dessen Blut die Türpfosten unseres Volkes gekennzeichnet wurden
- bittere Zeit der Sklavenarbeit in Ägypten
- Lehm, aus dem unser Volk in Ägypten die Ziegelsteine für die Gebäude des Pharao herstellen musste
- Tränen, die wir Juden während der Unterdrückung in Ägypten vergossen haben
- Hoffnung auf neues Leben

Warum ist diese Nacht ganz anders als die übrigen Nächte?

In allen Nächten essen wir Gesäuertes oder Ungesäuertes. Warum in dieser Nacht nur Ungesäuertes?

Warum essen wir bittere Kräuter?

Warum tauchen wir unser Essen zweimal ein?

Warum lehnen wir uns in dieser Nacht an?

Weil Jakob der Jüngste ist, darf er immer einige festgelegte Fragen stellen. Jedesmal ist er vorher ziemlich aufgeregt:
Wenn Jakob alle Fragen gestellt hat, erzählt mein Vater die Geschichte vom Auszug aus Ägypten. Danach gibt es ein feierliches Essen. Ein Platz am Tisch bleibt immer frei. Und dort steht auch immer ein besonders schönes Glas mit Wein für den Propheten Elia, auf den wir warten. Elia kündigt den Messias an, der unser Volk befreien wird. Während des ganzen Abends singen wir viele schöne Lieder.

1. An welches Ereignis erinnern sich die Juden am Passafest?

2. Der erste Abend, der Sederabend, ist der Höhepunkt der gesamten Feierlichkeiten. Zu Beginn dieses Abends werden immer die gleichen Speisen gegessen und die gleichen Fragen gestellt.
   a) Welche Speisen gibt es am Sederabend und welche Bedeutung haben sie jeweils? Erstellt eine Tabelle.
   b) Als Antwort auf die Fragen des jüngsten Sohnes erzählt der Vater jedes Jahr die Geschichte vom Auszug des Volkes Israel aus Ägypten. Versucht anhand der folgenden Stichworte diese Geschichte selbst zu erzählen: *harte Sklavenarbeit in Ägypten; Mose erhält einen Auftrag; der Pharao lässt das Volk Israel nicht gehen; zehn Plagen; in jeder ägyptischen Familie stirbt der älteste Sohn; das Wunder am Schilfmeer.*

Da steckt mehr dahinter!

Der sorglose Schmetterling

Kaum hatte der kleine Schmetterling seinen schützenden Kokon verlassen, da flatterte er schon munter dem Sonnenlicht entgegen. Die Farben seiner Flügel leuchteten heller und strahlender als die aller seiner Gefährten. Sein anmutiger Flug erfreute alle Tiere. Von Tag zu Tag schien er schöner, fröhlicher und auffälliger zu werden. Doch mit der Zeit wurden seine Tagesausflüge dem kleinen Schmetterling zu langweilig und er machte sich auf, die Nacht zu erkunden. Besonders angetan hatten es ihm die Laternen der Straßen. Immer wieder zog es ihn zu ihrem Licht. – Alle Warnungen der Tiere des Tages vor unbekannten Nachttieren und vor den Gefahren des Lichts konnten den sorglosen kleinen Schmetterling nicht aufhalten. Jede Nacht war er unterwegs und flatterte mit den Nachtfaltern immer dichter um die Laternen der Straßen. Und eines Nachts passierte es: Der kleine Schmetterling kam zu nahe an das Licht, glühte kurz auf und verbrannte.

1. Was haltet ihr von dieser Geschichte?

Anna

Anna war gerade 14 geworden und es schien, als würde sie von Tag zu Tag erwachsener und hübscher. Anna war überall sehr beliebt und alle bewunderten ihre Art, sich zu kleiden, zu bewegen oder zu tanzen. Zu ihren Eltern hatte sie eigentlich ein sehr gutes Verhältnis.

Als diese jedoch erfahren, dass Anna mehrmals beim Bummeln mit neuen Freunden in der Stadt gesehen wurde und sich abends häufiger mit verschiedenen Jungs vor einer bestimmten Diskothek trifft, beginnen sie, sich Sorgen zu machen. Bisher hatten sie immer geglaubt, Anna sei bei einer Klassenkameradin, um für die Schule zu lernen.

Als Anna eines Abends erst lange nach dem vereinbarten Termin nach Hause kommt, beschließt ihr Vater, mit ihr zu reden. Er will nicht einfach losschimpfen und damit vielleicht alles noch schlimmer machen. Er will die ansonsten gute Beziehung zu seinem Kind nicht stören, aber trotzdem verhindern, dass es sich unbedacht in Gefahr begibt.

Am nächsten Tag erzählt er Anna die Geschichte vom sorglosen Schmetterling.

1. Der Vater hat Angst, dass sich seine Tochter in Gefahr begibt. An welche Gefahren denkt er wohl dabei?

2. Warum erzählt der Vater eine Geschichte und sagt nicht direkt, was er meint?

3. Was will der Vater seiner Tochter mit dieser Geschichte sagen?

4. Jetzt weißt du, wer sich die Geschichte überlegt hat und warum sie erzählt wurde. Ändert das deine Meinung über die Geschichte?

5. Vieles aus der Geschichte vom sorglosen Schmetterling kann man mit der Situation Annas vergleichen, z.B.: Schmetterling = Anna; anmutiger Flug = Tanzen. Findet weitere Beispiele.

6. Kennt ihr Menschen, denen es ähnlich gegangen ist wie dem Schmetterling?

Jesus erzählt Gleichnisse

Jesus: Bald werden eure Sorgen und euer Kummer vorbei sein. Denn bald kommt das Reich Gottes. Das Reich Gottes wird eine neue Welt sein, in der nicht mehr die Gesetze der Menschen, sondern die Gesetze Gottes gelten. Allen Menschen, die in dieser Welt leben, denen wird es gut gehen.

Fragen der Zuhörer:
- Wie wird denn das Leben im Reich Gottes sein?
- Ich habe schon viel Schlimmes gemacht. Darf ich auch in Gottes Reich leben?
- Wie wird denn das Reich Gottes kommen?
- Wie ist denn Gott so?
- Was kann man denn machen, damit das Reich Gottes schnell kommt?

Jesus: Das mit dem Reich Gottes ist schwer zu verstehen. Ich will euch deshalb Gleichnisse, d. h. Beispielgeschichten erzählen. Daran sollt ihr erkennen: So wird es im Reich Gottes zugehen.

Das Gleichnis vom Senfkorn

Das Reich Gottes kann man mit einem winzigen Senfkorn vergleichen.
Am Anfang ist es ganz klein. Wenn es in fruchtbaren Boden gesät wird, wächst es schnell heran und wird größer als andere Sträucher. Es bekommt starke Zweige, in denen die Vögel Schutz suchen und sogar ihre Nester bauen können.

 nach Markus 4,30–32

Was sind Gleichnisse?

Jesus erzählt den Menschen immer wieder Geschichten, mit denen er zeigen möchte, wie Gott ist, wie er an Menschen handelt oder wie es im Reich Gottes zugeht. Das Besondere daran ist, dass Gott in diesen Geschichten nicht selbst vorkommt. Man muss diese Geschichten erst deuten oder „übersetzen", um zu erfahren, was Jesus meint. Weil Jesus in seinen Geschichten immer Bilder und anschauliche *Vergleiche* aus dem alltäglichen Leben benutzt, nennt man diese Geschichten *Gleichnisse*.

1. Um herauszufinden, was Jesus den Menschen mit dem Gleichnis vom Senfkorn sagen will, kann man das Gleichnis „übersetzen". Übertragt die „Übersetzungstabelle" in euer Heft und ordnet die nebenstehenden Begriffe richtig zu.

Senfkorn	Bedeutung für das Reich Gottes
Das Senfkorn wird gesät	
Am Anfang klein	
Fruchtbarer Boden	
Wächst heran	
Vögel finden Schutz und bauen Nester	

Menschen hören auf Gottes Wort;
Menschen finden Halt für ihr Leben;
das Reich Gottes breitet sich immer mehr aus;
Gottes Wort kommt durch Jesus in die Welt;
am Anfang wenig Anhänger

2. Welche der Fragen auf der linken Seite beantwortet Jesus mit dem Gleichnis vom Senfkorn?

3. Was will Jesus mit diesem Gleichnis sagen? Schreibt die „Übersetzungen" in einen zusammenhängenden Text.

4. Findet weitere Beispiele dafür, dass aus etwas Kleinem etwas ganz Großes entstehen kann.

5. Das Senfkorn braucht fruchtbaren Boden, um wachsen zu können. Ebenso braucht das Reich Gottes Menschen, die so zu leben versuchen, wie Jesus es uns gezeigt hat, damit es sich ausbreiten kann. Zeichnet die Bilder in euer Heft und ergänzt eigene Begriffe.

Was das Reich Gottes am Wachsen hindert

Einsamkeit, Egoismus, Schadenfreude, Hass …

Was das Reich Gottes wachsen lässt

Freundschaft, auf andere achten, Ehrlichkeit, Hilfsbereitschaft …

6. Wenn ihr wollt, könnt ihr ein Senfkorn selbst einpflanzen. Die folgenden Arbeitsanweisungen helfen euch dabei:

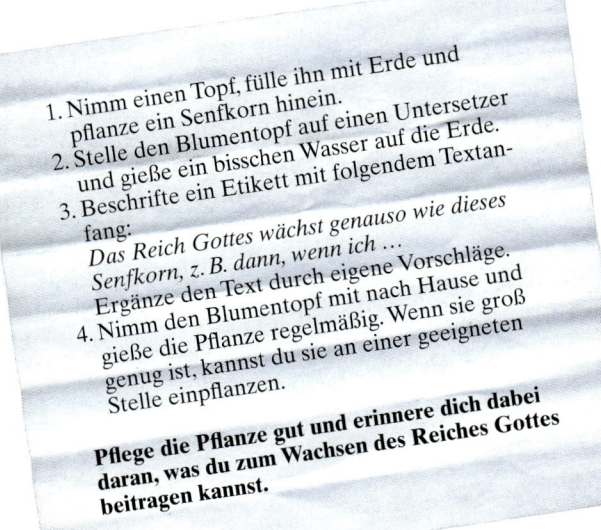

1. Nimm einen Topf, fülle ihn mit Erde und pflanze ein Senfkorn hinein.
2. Stelle den Blumentopf auf einen Untersetzer und gieße ein bisschen Wasser auf die Erde.
3. Beschrifte ein Etikett mit folgendem Textanfang:
   Das Reich Gottes wächst genauso wie dieses Senfkorn, z. B. dann, wenn ich …
   Ergänze den Text durch eigene Vorschläge.
4. Nimm den Blumentopf mit nach Hause und gieße die Pflanze regelmäßig. Wenn sie groß genug ist, kannst du sie an einer geeigneten Stelle einpflanzen.

Pflege die Pflanze gut und erinnere dich dabei daran, was du zum Wachsen des Reiches Gottes beitragen kannst.

Das Gleichnis vom verlorenen Sohn

Zwei Schülerinnen auf dem Heimweg von der Schule:

Corinna: Mensch, mit dem Zeugnis trau ich mich kaum nach Hause. Zwei Fünfer und 17-mal unentschuldigt gefehlt! Mein Vater flippt aus. Hoffentlich tut er mir nichts. Schade, dass das Reich Gottes noch nicht bei meinem Vater angebrochen ist.

Michelle: Wenn du dich da mal nicht täuschen würdest. Gott sieht auch nicht immer alles so locker. Denk doch an die vielen Geschichten, bei denen er diejenigen ganz schön abstraft, die nicht so leben, wie er es gern hätte.

Corinna: Aber bei der letzten Geschichte in Reli war es doch gerade anders. Wie hieß die noch mal? Der verlorene Sohn oder der gute Vater?

Michelle: Erzähl mal!

Jesus erzählt:

Ein Mann hatte zwei Söhne. Eines Tages sagte der Jüngere zu ihm: „Vater, ich will jetzt schon meinen Anteil am Erbe ausbezahlt haben, denn ich will in die Welt hinaus." Da teilte der Vater sein Vermögen unter ihnen auf.

Nur wenige Tage später packte der jüngere Sohn alles zusammen und verließ sein Elternhaus. Endlich konnte er so leben, wie er es wollte. Er gab sein ganzes Geld für schicke Kleider, gutes Essen und teure Partys aus, bis er schließlich von seinem ganzen Erbe keinen Pfennig mehr hatte. Zu allem Unglück brach in dieser Zeit eine große Hungersnot aus. Dem jüngeren Sohn ging es sehr schlecht. In seiner Verzweiflung bettelte er so lange bei einem Bauern, bis der ihn zum Schweinehüten auf die Felder ließ. Oft quälte ihn der Hunger so, dass er froh gewesen wäre, etwas vom Schweinefutter zu bekommen. Aber selbst davon erhielt er nichts.

Da dachte er: „Bei meinem Vater hat jeder Arbeiter mehr als genug zu essen und ich sterbe hier vor Hunger. Ich will zu meinem Vater zurückgehen."

Und er machte sich auf, zurück zu seinem Vater. Der erkannte ihn schon von weitem. Voller Freude lief ihm der Vater entgegen, fiel ihm um den Hals und küsste ihn. Er aber sagte: „Vater, ich habe so vieles falsch gemacht. Sieh mich nicht länger als deinen Sohn an, ich bin es nicht mehr wert. Aber kann ich nicht als Arbeiter bei dir bleiben?"

Sein Vater aber befahl den Knechten: „Beeilt euch! Holt den schönsten Anzug, den wir im Hause haben, und gebt ihn meinem Sohn. Bringt auch einen kostbaren Ring und Schuhe für ihn! Schlachtet das Kalb, das wir gemästet haben! Wir wollen feiern! Mein Sohn ist zurückgekommen." Und sie begannen ein fröhliches Fest.

nach Lukas 15,11–32

1. Beschreibt, was auf dem Bild zu sehen ist. Wie verhalten sich die Personen zueinander? Was könnten sie wohl denken?

2. Die Geschichte hätte auch ganz anders verlaufen können. Erfindet mögliche „Gegengeschichten".

3. Jesus erzählt mit seinen Gleichnissen von Gottes Handeln. Was könnte dieses Gleichnis von Gott erzählen?

4. Corinna will Michelle das Gleichnis erklären und schreibt die Hauptfiguren und zentralen Geschehnisse auf ein Blatt (vgl. die rechte Randspalte). Wie ordnet sie hinter den Pfeilen folgende Übersetzungen richtig zu?
Gott; Mensch, der Fehler macht; bereut seine Fehler;
Gott freut sich und nimmt den Menschen mit all seinen Fehlern wieder auf.

Vater →

Jüngerer Sohn, der sein Erbe verschwendet →

Sohn kommt zurück →

Vater freut sich und nimmt den Sohn ohne weiteres wieder auf →

5. Welche Antwort beschreibt am besten, was Jesus uns mit diesem Gleichnis sagen will?

   a) Man soll sein Geld nicht für nutzlose Dinge ausgeben, sondern es lieber sparen.
   b) Gott ist wie der jüngere Sohn. Er kommt immer wieder zu uns zurück.
   c) Zu Gott können wir immer kommen – auch wenn wir etwas falsch gemacht haben. Gott nimmt uns ohne Vorleistungen auf.
   d) Du sollst deine Eltern ehren. Kein Kind soll gegen den Willen seiner Eltern die Familie verlassen.

Das Gleichnis vom unbarmherzigen Verwalter

Katrin: Super! Der Computer in unserem Klassenzimmer hat ja jetzt Internet-Anschluss.

Philipp: Ja, toll. Nur benutzen wir den im Unterricht ja fast nie. Jetzt z. B. in Reli – was sollen wir denn da im Internet? Gemeinsames Beten im Chatroom vielleicht?

Laura: Wieso? Es gibt doch jetzt sogar eine RELI-Suchmaschine, wo man nicht nur Begriffe, sondern ganze Fragen und Texte eingeben kann.

Mario: Das probiere ich gleich mal aus:

Lieber Gott, was soll ich denn mit dem Lars machen? Immer, wenn er sich meine Inliner geliehen hat, gibt er sie mir völlig verdreckt zurück. Soll ich ihm gleich eine reinhauen oder erst später? Mario

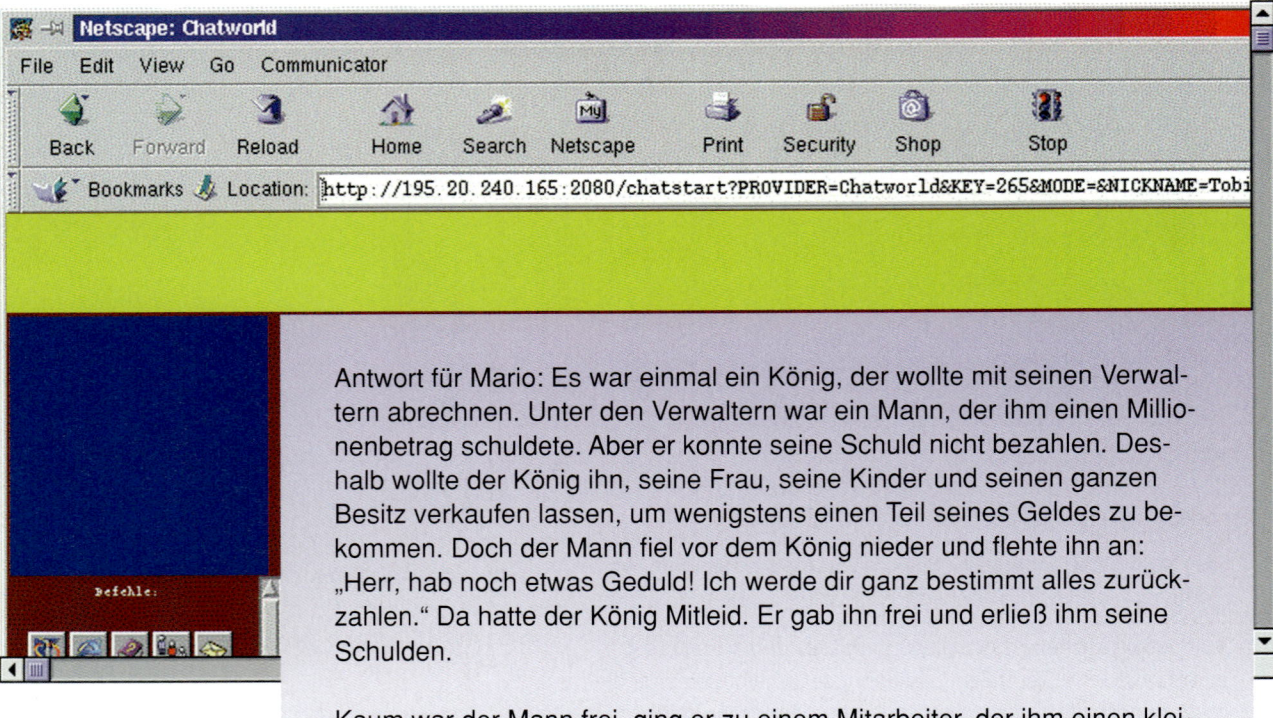

Antwort für Mario: Es war einmal ein König, der wollte mit seinen Verwaltern abrechnen. Unter den Verwaltern war ein Mann, der ihm einen Millionenbetrag schuldete. Aber er konnte seine Schuld nicht bezahlen. Deshalb wollte der König ihn, seine Frau, seine Kinder und seinen ganzen Besitz verkaufen lassen, um wenigstens einen Teil seines Geldes zu bekommen. Doch der Mann fiel vor dem König nieder und flehte ihn an: „Herr, hab noch etwas Geduld! Ich werde dir ganz bestimmt alles zurückzahlen." Da hatte der König Mitleid. Er gab ihn frei und erließ ihm seine Schulden.

Kaum war der Mann frei, ging er zu einem Mitarbeiter, der ihm einen kleineren Betrag schuldete, packte ihn und schrie: „Bezahle jetzt endlich deine Schulden!" Da fiel dieser Arbeiter vor ihm nieder und bettelte: „Hab noch etwas Geduld! Ich werde dir alles bezahlen!" Aber der Verwalter wollte nicht warten und ließ ihn zur Zwangsarbeit ins Gefängnis bringen, bis er alles bezahlt hätte. (Jesus)

nach Matthäus 18,23–35

Mario: Was ist denn das wieder für eine komische Antwort? Die versteht doch keiner!

Katrin: Wieso, es ist doch ganz klar, was damit gemeint ist.

Und Katrin zeichnet folgende Skizze an die Tafel:

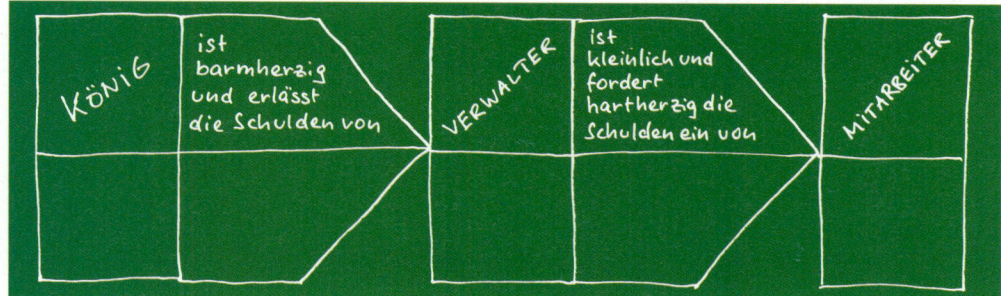

Leider kann sie ihr Schaubild nicht beenden, da der Lehrer hereinkommt und sich alle hinsetzen müssen.

1. Erklärt das Schaubild. Schreibt das, was in dem Schaubild dargestellt ist, in einen kurzen Text.

2. Vergleicht den König mit dem Verwalter. Ordnet den beiden die folgenden Eigenschaften zu: hartherzig, rechthaberisch, barmherzig, gnädig, unbarmherzig, gütig, unfair, gemein, unverschämt, fürsorglich, gutmütig, mitfühlend, verständnisvoll, …

3. Viele sind empört über das Verhalten des Verwalters und melden es dem König. Der König beruft eine Gerichtsverhandlung ein. Der Verwalter ist der Angeklagte, der König der Richter. Daneben gibt es noch einen Kläger und einen Verteidiger. Spielt die Verhandlung. Welche Argumente könnten für, welche gegen den Verwalter vorgebracht werden? Wie urteilt der Richter?

In der nächsten Pause:

Mario: Ich merke schon, was diese Geschichte bedeuten soll. Ich soll es nicht so machen wie der Verwalter, sondern dem Lars, wenn er verspricht, besser auf meine Sachen aufzupassen, ruhig wieder was leihen. Aber irgendwas stimmt doch an dieser Geschichte nicht. Denn der Verwalter hat seine Schuld vergeben bekommen. Aber wenn ich etwas falsch mache, vergibt mir doch auch keiner. Als ich letztes Jahr mit Dirks altem, vergammeltem Game Boy den Unterwasser-Test machte, musste ich ihm auch einen neuen kaufen, und keiner hat gesagt: Ach du lieber Mario, deine Schulden sind dir vergeben.

Katrin: Überleg mal, wer mit dem „König" gemeint sein könnte: Etwa Dirk? Ein Mensch, dem du etwas schuldest? Jemand, der dir einmal vergeben hat? Oder jemand ganz anderes?

4. Wer könnte mit dem König im Gleichnis gemeint sein?

5. Katrin ergänzt ihre Skizze an der Tafel mit folgenden Begriffen: Mario – verzeiht die Fehler auch von – ist nachtragend und verzeiht nicht dem – Lars – Gott.
   Übertragt das Schaubild in euer Heft und ordnet die richtigen Begriffe den freien Feldern zu.

6. Welche Antwort beschreibt am besten, was Jesus uns mit diesem Gleichnis sagen will?

   a) Ein König soll nicht hartherzig sein, sondern großzügig mit seinen Untertanen umgehen.
   b) Gott vergibt uns unsere vielen Fehler, wie der König dem Verwalter seine große Schuld vergeben hat. Deshalb können auch wir Menschen einander immer wieder großzügig vergeben.
   c) Jeder, der etwas falsch gemacht hat, soll versuchen, es wieder gutzumachen.
   d) Ist unsere Schuld auch noch so groß, Gott vergibt sie uns immer.

Das Gleichnis vom barmherzigen Samariter

Schüler: Herr Pfarrer, Sie müssten es doch eigentlich genau wissen! Ich will später unbedingt mal in den Himmel kommen. Was muss ich denn machen, damit das auch klappt?

Pfarrer: Also, so automatisch geht das nicht. Man kann nicht sagen: Ich spende jetzt 100 Euro oder helfe einer alten Frau über die Straße und komme dann in den Himmel. Du kannst dich aber bemühen, so zu leben, wie es in der Bibel steht, die 10 Gebote einhalten zum Beispiel.

Schüler: Alle 10? Aber die kenne ich ja gar nicht alle so genau.

Pfarrer: Jesus hat sie einmal im „Doppelgebot der Liebe" zusammengefasst. Wenigstens das solltest du dir merken:
Erstens: Du sollst Gott lieben mit deinem ganzen Herzen, von ganzer Seele, mit aller Kraft und mit deinem ganzen Verstand. Und zweitens: Du sollst auch deinen Nächsten lieben, so wie du dich selbst liebst.

Schüler: Also gut: Herr Pfarrer, ich liebe Sie!

Pfarrer: Wie bitte?

Schüler: Ja, Sie sind doch gerade mein Nächster – ungefähr 80 cm von mir entfernt.

Pfarrer: Ich will dir eine Geschichte erzählen, wie das mit dem Nächsten eigentlich zu verstehen ist. Diese Geschichte hat im Übrigen auch schon Jesus erzählt.

Ein Mann wanderte von Jerusalem nach Jericho hinunter. Unterwegs wurde er von Räubern überfallen. Sie schlugen ihn zusammen, plünderten ihn aus und ließen ihn halb tot liegen. Dann machten sie sich davon.
Zufällig kam bald darauf ein Priester vorbei. Er sah den Mann liegen und ging schnell weiter. Genauso verhielt sich ein Tempeldiener. Er sah zwar den verletzten Mann, aber er blieb nicht stehen, sondern machte einen großen Bogen um ihn. Dann kam einer der verachteten Samariter vorbei. Als er den Verletzten sah, hatte er Mitleid mit ihm. Er beugte sich zu ihm hinunter und behandelte seine Wunden. Dann hob er ihn auf seinen Esel und brachte ihn in den nächsten Gasthof, wo er den Kranken besser pflegen und versorgen konnte.
Als er am nächsten Tag weiterreisen musste, gab er dem Wirt Geld und bat ihn: „Pflege den Mann gesund! Sollte das Geld nicht reichen, werde ich dir den Rest auf meiner Rückreise bezahlen!"

nach Lukas 10,29–37

Samariter waren die Bewohner der Landschaft Samaria. Sie wurden von den anderen Juden als unrein verachtet, weil sie sich nicht streng an die Gebote hielten.

Pfarrer: Nun, wer hat sich deiner Meinung nach so verhalten, dass er Gottes Gebot erfüllt hat?

Schüler: Natürlich der Mann, der geholfen hat.

Pfarrer: Also, dann weißt du ja, was zu tun ist.

1. Der Wirt fragt den Samariter, warum er denn so viel für den Überfallenen tut, obwohl er ihn doch gar nicht kennt. Was könnte der Samariter antworten? Spielt das Gespräch.

2. Als der Überfallene wieder gesund ist, begegnet er zufällig dem Priester und dem Tempeldiener. Er fragt sie, warum sie ihm nicht geholfen haben. Welche Gründe könnten sie für ihr Verhalten anführen? Spielt das Gespräch.

3. Spielt die einzelnen Szenen als Erzählpantomime: Einige von euch sind die Schauspieler und begleiten die laut vorgetragene Erzählung durch pantomimisches Spiel:
1. Ein Mann geht … 2. und fällt unter die Räuber … 3. Ein Priester … geht vorbei … 4. Ein Tempeldiener … geht vorbei … 5. Ein Samariter … hilft. 6. Er bringt den Mann … ins Gasthaus …

4. Welche Antwort beschreibt am besten, was Jesus uns mit diesem Gleichnis sagen will?

   a) Ich soll gegen ausländische Menschen keine Vorurteile haben.
   b) Besonders Menschen, die bei der Kirche arbeiten, sollten den anderen helfen.
   c) Ich soll besonders ausländischen Menschen helfen.
   d) Ich soll jedem Menschen, der Hilfe braucht, helfen.

5. Wenn Jesus das Gleichnis heute erzählen würde, würde er es vielleicht anders erzählen. Schreibt ein modernes Gleichnis vom barmherzigen Samariter. Wenn ihr wollt, könnt ihr dabei folgende Wörter benutzen:

Ältere Frau; schwere Einkaufstüten; Bananenschale; Unfall; Sohn des Bürgermeisters; Tochter des Pfarrers; Serap, ein türkisches Mädchen, das noch nicht gut Deutsch kann; einige Tage später; Besuch; einkaufen.

Aller Anfang ist schwer

Lieber Jonatan,

es ist mir sehr wichtig, dass du erfährst, wofür und warum Miriam, deine Mutter und meine Tochter, ihr Leben geopfert hat. Ich weiß jedoch nicht, ob ich noch so lange lebe, bis du alt genug bist und ich dir alles persönlich erzählen kann. Daher habe ich dir ein Album mit alten Zeitungsausschnitten, Tagebüchern und Briefen zusammengestellt. Darin habe ich alles gesammelt, was mit Jesus, den ich übrigens noch persönlich gesehen habe, und den ersten Christen zu tun hat. Es geht also auch um dich, deine Mutter und mich. Lies dir alles gut durch, dann wirst du vielleicht vieles besser verstehen.

Jesus hat einmal eine Geschichte erzählt, mit der ich damals nicht viel anfangen konnte: „Das Reich Gottes ist wie ein Senfkorn", hat er gesagt, „wenn das gesät wird aufs Land, so ists das kleinste unter allen Samenkörnern auf der Erde. Und wenn es gesät ist, so geht es auf und wird größer als alle Kräuter und treibt große Zweige, sodass die Vögel unter dem Himmel unter seinem Schatten wohnen können."

Jetzt, am Ende meines Lebens, blicke ich zurück und sehe, was aus Jesus und dem, was er gesagt und getan hat, alles geworden ist. Ich verstehe nun besser, was Jesus mit seinem Gleichnis wohl gemeint hat.

Dein dich liebender Großvater Tobias

1. Was meint Tobias, wenn er ein einfaches Senfkorn mit der Geschichte der Kirche vergleicht? Erklärt es in eigenen Worten.

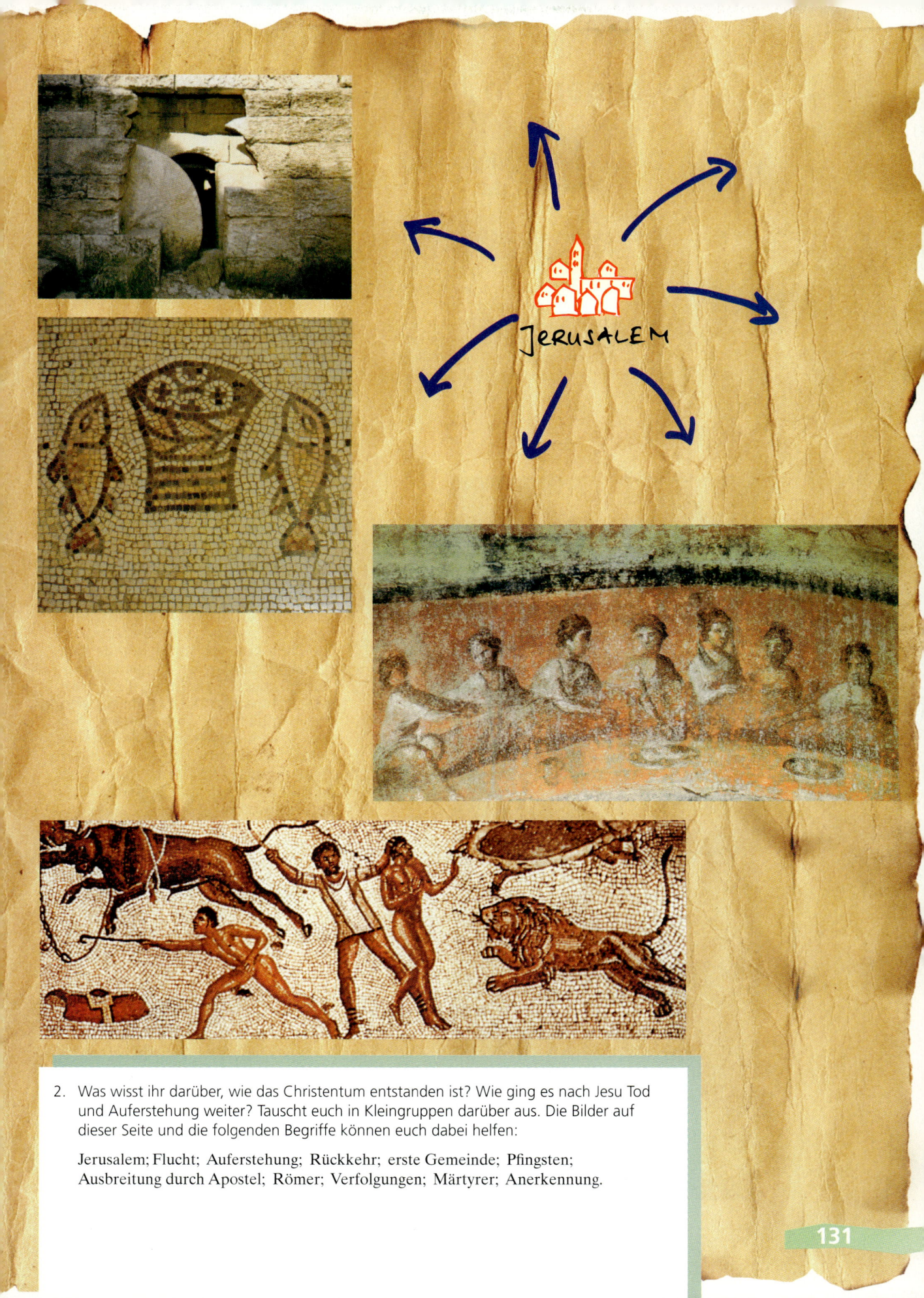

Jerusalem

2. Was wisst ihr darüber, wie das Christentum entstanden ist? Wie ging es nach Jesu Tod und Auferstehung weiter? Tauscht euch in Kleingruppen darüber aus. Die Bilder auf dieser Seite und die folgenden Begriffe können euch dabei helfen:

Jerusalem; Flucht; Auferstehung; Rückkehr; erste Gemeinde; Pfingsten; Ausbreitung durch Apostel; Römer; Verfolgungen; Märtyrer; Anerkennung.

Es begann in Jerusalem

Die Jesus-Anhänger sind wieder da

Nach der Kreuzigung Jesu sind seine Jünger und andere Anhänger ängstlich aus Jerusalem geflohen. Dann muss sich irgendetwas ereignet haben, denn heute, nur wenige Wochen später, sind sie alle wieder hier und überhaupt nicht mehr ängstlich. Sie haben sich zu einer Gemeinde zusammengeschlossen und versuchen so zu leben, wie Jesus es ihnen gesagt hat.

Die erste christliche Gemeinde – in Jerusalem!

Jesus-Anhänger gehen an die Öffentlichkeit

Zum Pfingstfest trafen sich in Jerusalem die Anhänger Jesu und verkündeten vor einer großen Volksmenge, dass Jesus durch Gott wieder von den Toten auferweckt worden sei. Sie sprachen mit einer so feurigen Begeisterung, dass viele Menschen davon tief ergriffen waren. Wie man weiß, sind die Freunde Jesu fast alles einfache Leute, die nie zuvor öffentlich gepredigt haben. Umso erstaunlicher ist es, dass sie so überzeugend sprechen konnten und jeder sie verstehen konnte, woher er auch kam. Augenzeugen berichten, dass etwa 3000 Menschen sich danach den Jesus-Anhängern anschlossen. Sie zogen zu einem Fluss und ließen sich taufen. Wie Petrus, der Anführer der Jesus-Freunde, erklärte, soll diese Aktion auch auf andere Städte ausgedehnt werden.

Pfingsten: Geburtstag der Kirche!

1. Die Jünger von Jesus haben plötzlich keine Angst mehr und sind wie verwandelt. Was hat sich ereignet?

2. Wie und wo entstand die erste christliche Gemeinde der Welt?

3. Warum wird Pfingsten auch „Geburtstag der Kirche" genannt?

!!! Wer stoppt !!! die Jesus-Anhänger?

Der gefährliche Irrglaube, dass Jesus Gottes Sohn gewesen und sogar von den Toten auferstanden sein soll, breitet sich immer weiter aus. Was passiert denn eigentlich bei ihren heimlichen Treffen? Keiner weiß da Genaues. Angeblich sollen sie dabei ja sowohl gegen römische Gesetze als auch gegen jüdische Speisegebote verstoßen. Womöglich haben sie ja noch Schlimmeres vor! Und unsere Polizei schaut nur zu! Wann wird diesen Jesus-Anhängern endlich das Handwerk gelegt?

Parole: Abtauchen!

Verschlüsselt!

Lieber Ochsenfrosch Tobias!

Gänseblümchen! Seit gestern ich meistens in Hosen der lila Gemeinde Roms bin — Taubenmist — geht Mama es stinkt mir gerade super eselsmäßig. Es schneit ist weiß ganz nass — toll gemacht! Alle Soldaten sind irgendwie gleich ruhig: Arme, Beine, Reiche, kaufen Sklaven, ihren Herren ab, Frauen schuften und alle Männer faulenzen. Alles Gold wird nicht geteilt, denn alle Hühner helfen weder sich noch gegenseitig. Notschlachtung! Und auch wir Ölbäumchen werden gegessen immer wieder mehr. Ehrlich! Wir Singenden treffen Weinende — uns fehlt oft was zu schlecken — gemeinsamem Tanz, Essen, Hirsebreipartys zum Abwinken — Gebet gebietet oder Knochenbrüche zu lauten Tauffeiern. Pfeifenköpfe! Wir drei erzählen Witze uns gegenseitig die neusten Geschichten niemals von unserem Gott daheim und auch von Jerusalem Jesus nicht, wie kann er denn gestorben sein und dann auferstanden — Ostern — ist gelogen. Das Geld ist nun unser einziges Glaubensbekenntnis — ehrlich.
Komm mit, doch wenn auch du mal lachst. Nächstes Jahr: Treffen: Sabbat, Sonntag, minus 11 ohne Uhr, nicht bei Morgenrot, Elisabeth Pusteblume.

Deine Sängerin Maria, Jungfrau

Damit hat bei mir alles angefangen!

1. Warum ist der Brief an Tobias verschlüsselt?
   Entdecke den Code (Tipp: Worthüpfen!) und entschlüssle den Brief. Schreibe den richtigen Text in dein Heft und unterstreiche, was das Besondere im Zusammenleben der ersten Christen ist.

2. Die ersten Christen hatten in ihrem Gemeindeleben drei Schwerpunkte:

   • Den Glauben bekennen
   • Nach dem Glauben leben
   • Den Glauben weitererzählen

   Ordnet an der Tafel die Beispiele aus dem Brief diesen Schwerpunkten zu.

3. Tobias überlegt sich, ob er die Einladung annehmen soll. Er spricht mit seiner Frau darüber. Tobias ist eher dafür, seine Frau eher dagegen. Welche Gründe könnten beide anführen? Spielt das Gespräch.

Mit Paulus kam der Durchbruch

Lieber Tobias,   Jerusalem, im Jahre 36 n. Chr.

hast du das von Saul gehört? Das ist doch unglaublich!!!
Hast du das Interview mit ihm im Jerusalemer Stadtanzeiger gelesen?
Ich lege es mitsamt einigen Meinungen dazu diesem Brief bei. Was denkst
du darüber? Kann man ihm trauen, oder ist das alles nur ein ganz gemeiner
Trick, um an unsere Adressen zu kommen?
Deine Maria

PS: Ich habe gehört, ihr habt Nachwuchs bekommen, eine kleine Miriam.
Ich freue mich für euch. Viele Grüße auch an deine Frau!

Vom Bloody-Saul zum Jesus-Paul?

Seit seiner Rückkehr aus Damaskus ist er das Tagesgespräch in Jerusalem. In dem folgenden Interview stellt er sich nun zum ersten Mal den Fragen der Öffentlichkeit.

Jerusalemer Stadtanzeiger (JS): Paulus, als wir uns das letzte Mal trafen, hießest du noch Saul und warst der schlimmste Christenverfolger weit und breit. Nicht umsonst dein Spitzname: Bloody-Saul.

Paulus (P): Ja, es stimmt. Ich habe die Christen gehasst. Ich habe sie verfolgt, manche bis zum Tod.

JS: Und jetzt? Es heißt, du hast dich taufen lassen, bist Christ geworden und verfolgst dich jetzt selbst?

P: Ja, es stimmt. Ich bin Christ geworden.

JS: Was ist passiert? Gewissensbisse? Gehirnwäsche? Oder ging es nur um eine Wette unter Christenverfolgern?

P: Nein, ich war auf dem Weg nach Damaskus, um ein paar Christen zu verfolgen und zu verhaften. Plötzlich umgab mich ein grelles Licht. Ich stürzte zu Boden und hörte eine Stimme: „Saul! Warum verfolgst du mich?" Ich fragte: „Wer bist du?" Und die Stimme sagte: „Ich bin Jesus, den du verfolgst. Doch jetzt steh auf und geh in die Stadt. Dort wird man dir sagen, was du tun sollst."

JS: Unglaublich! Eine Halluzination? Oder war vielleicht Alkohol im Spiel? Gibt es dafür noch andere Zeugen?

P: Ja, ich hatte Begleiter dabei. Die hörten auch die Stimme, sahen aber niemanden. Die waren genauso sprachlos wie ich.

JS: Was hast du dann gemacht?

P: Ich richtete mich auf und konnte nichts mehr sehen. Meine Begleiter haben mich dann, blind wie ich war, nach Damaskus geführt.

JS: Und dann?

P: Als ich drei Tage in Damaskus war, kam plötzlich ein fremder Mann zu mir. Er legte mir die Hände auf und sagte: „Bruder Saul, mich hat Jesus geschickt, der dir auf dem Weg hierher erschienen ist. Du sollst wieder sehen, und heiliger Geist soll in dich kommen." Und so geschah es dann auch.

JS: Und der heilige Geist hilft dir jetzt bei der Christenverfolgung?

P: Damit höre ich natürlich sofort auf. Durch dieses Erlebnis hat sich mein ganzes Leben verändert. Als Zeichen dafür habe ich auch meinen alten Namen abgelegt. Ich nenne mich nicht mehr Saul, sondern Paulus. Ich glaube jetzt an Jesus. Ich habe mich taufen lassen und verkündige allen Menschen: Jesus ist Gottes Sohn, der Retter der Menschen.

JS: Was wirst du jetzt als Nächstes tun?

P: Ich will die Botschaft von Jesus auf der ganzen Welt verkünden. Dazu werde ich Reisen in ferne Länder unternehmen und versuchen, überall neue christliche Gemeinden zu gründen.

Unglaublich!

Meinungen aus der Bevölkerung

Simeon, 35, Bäcker: Das ist doch nur ein Trick, damit er erfährt, wo die Christen wohnen. Dann verhaftet er sie.

Johannes, 28, Schreiner: Gott wirkt weiter, sogar an so einem wie Saul.

Susanna, 78, Witwe: Ein Mensch kann sich doch nicht so verändern. Ich glaube ihm nicht. Am besten wir halten uns von ihm fern.

Rut, 13, Schülerin: Wir sollten ihm eine Chance geben.

Josef, 40, Tempeldiener: Saul ist ein gescheiter Mensch. Er kann gut reden. Wenn er jetzt für die Christen ist, ist das schlecht für uns Juden. Wir sollten ihn einsperren.

Nathan, 25, Fischer: Entweder ist das alles nur Theater oder er ist übergeschnappt.

Matthias, 55, Rechtsanwalt: Wenn er jetzt Christ ist, gehört genau das mit ihm gemacht, was er vorher mit den Christen gemacht hat.

1. Welches Ereignis ließ Saulus zu Paulus werden?

2. Beschreibt mit eigenen Worten, was die Befragten über Paulus denken. Wer glaubt Paulus, wer nicht? Wer ist eher für Paulus, wer eher gegen ihn?

3. Wer hat wohl Recht? Diskutiert die verschiedenen Meinungen in eurer Klasse.

4. Paulus legt seine Ämter in der jüdischen Gemeinde nieder. Schreibe einen Brief, in dem Paulus seine Entscheidung erklärt.

5. Paulus will Mitglied in der christlichen Gemeinde in Jerusalem werden. Es findet ein Aufnahmegespräch statt, in dem auch viele Vorbehalte gegen Paulus geäußert werden. Spielt dieses Gespräch und trefft eine Entscheidung.

Die Christen breiten sich aus

Paulus unterwegs → Gemeinden entstehen

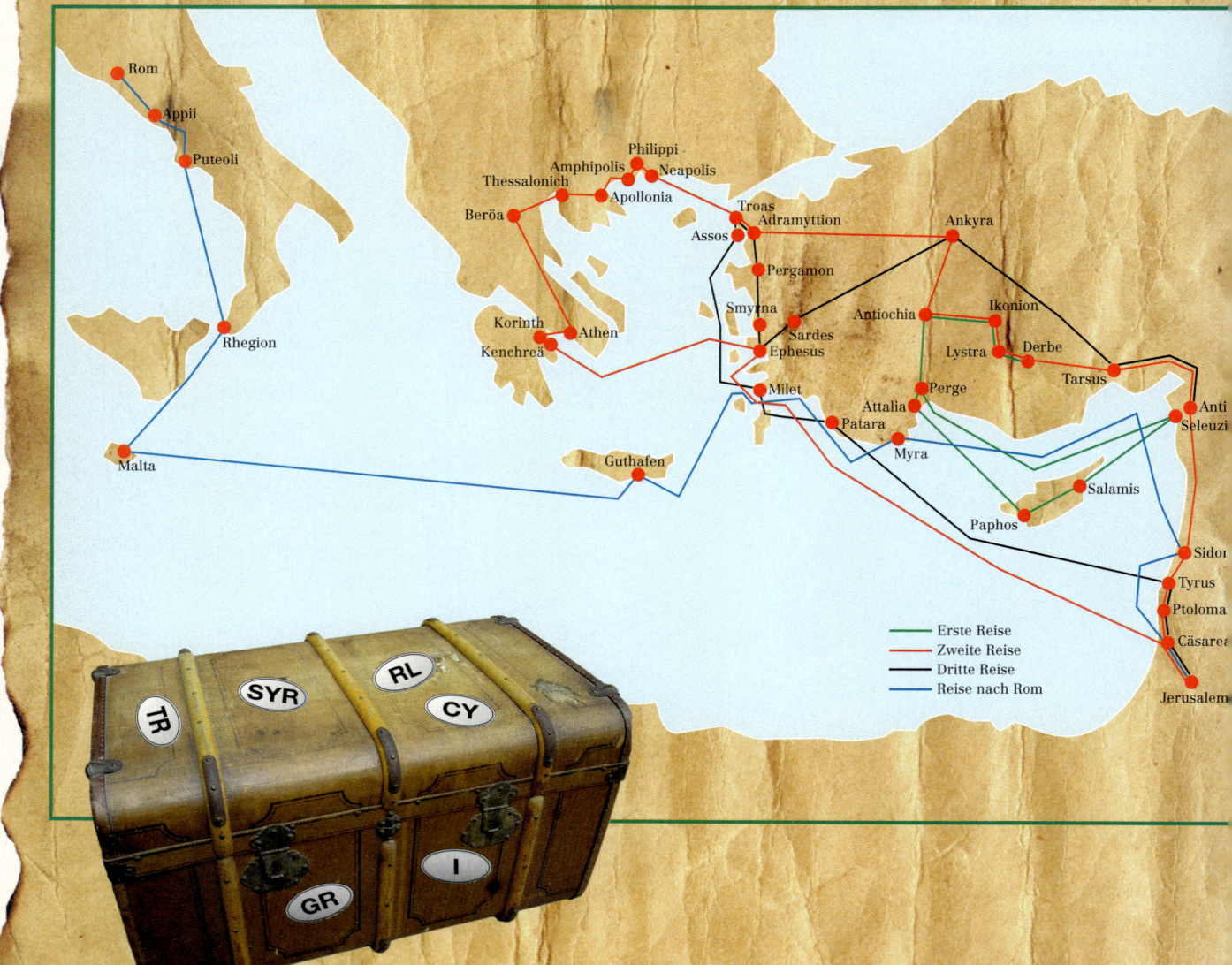

Legende:
— Erste Reise
— Zweite Reise
— Dritte Reise
— Reise nach Rom

1. Paulus hat den christlichen Glauben im ganzen Mittelmeerraum verkündet. In vielen Städten entstanden neue christliche Gemeinden. Die wichtigsten sind auf der Landkarte markiert. Ordne diese Städte den heutigen Ländern zu. Die Länder-Aufkleber auf dem Reisekoffer können dir dabei helfen,
   z. B.: Ägypten: Alexandria
   Israel: ..., ...

2. Schreibe zu jeder Reise die Städte auf, die Paulus besucht hat.

3. In welchen Städten war Paulus mehrmals?

Erste Probleme

Das wollen Christen:

Sie machen nicht mal Würfelspiele !!

Damit unterstützen sie die Armen, Alten und Waisen in ihrer Gemeinde

machen sich über unsere Götter und heiligen Opfer lustig

gehen nicht in den Zirkus und nicht ins Theater

CHRISTEN HALTEN SEHR ZUSAMMEN

Stellen in eine gemeinsame Kasse ein

Versammeln sich immer im Dunkeln

Duckmäuser, überhaupt nicht lustig! Könn' sich dem Vergnügen gönnen

Lichtscheues Gesindel!

gastfreundlich

Was haltet ihr von den Christen?

gehen gut mit Sklaven um

Auf Christen kann man sich verlassen.

Staatsfeinde

warum?

Das stimmt! Wenn ein Christ auf Reisen ist, kann er in einer fremden Stadt immer bei der christlichen Gemeinde unterkommen.

weil sie unseren Kaiser nicht verehren

BEHANDELN SIE WIE GLEICHWERTIGE MENSCHEN ??

Im Unterschied zu anderen bezahlen sie ihre Arbeiter anständig und pünktlich.

Gott der Christen

Esel

Deshalb sind die Christen schuld, dass unsere Sklaven immer aufrührerischer werden !

Dieses Schreibgespräch hat Miriam heute aus der Schule mitgebracht

1. Tragt unter den beiden Stichworten „Gutes" und „Schlechtes" zusammen, was über die Christen ausgesagt wird.

2. Was wollte der Zeichner des Herzens über die Christen sagen?

3. Gestaltet in Kleingruppen ein Schreibgespräch zu dem Thema „Christen heute".

Christen werden verfolgt

Lieber Papa,

zuerst die schöne Neuigkeit: Ich bekomme ein Baby!!! Und wir freuen uns so darauf! Wir wissen zwar noch nicht, was wir lieber hätten, einen Jungen oder ein Mädchen, dafür sind wir uns aber über den Namen schon einig: Wirds ein Junge, soll er Jonatan heißen, ein Mädchen: Deborah.

Und nun das weniger Schöne: Hier in Rom werden die Schikanen gegenüber uns Christen immer schlimmer. Fast kein Tag vergeht, ohne dass mich irgendjemand anpöbelt. „Christen-Tussi" ist noch ein harmloses Schimpfwort. Gestern wurde ich auf dem Marktplatz sogar angespuckt! Aber das geht nicht nur mir so. Unsere Versammlungsräume werden zerstört, christliche Texte werden verbrannt, unsere Gottesdienste verboten. Es sind schon Christen gefoltert worden, bis sie ihrem Glauben abschworen. Wer nicht den heidnischen Göttern opfert, wird getötet oder zur Zwangsarbeit verurteilt. Ich weiß nicht, was ich in dieser Situation tun würde. Was meinst du dazu, soll man für seinen Glauben sein Leben opfern?

Lieber Papa, eben in diesem Moment erreicht mich eine furchtbare Nachricht: Mein Mann ist an seinem Arbeitsplatz verhaftet worden. Nur weil er zu den Christen gehört!!! Ich weiß nicht, was ich tun soll. Papa, könntest du nicht kommen, bis sich das alles hier wieder beruhigt hat?

In Liebe, deine Miriam

Rubrik: Rechtsfragen leicht gemacht

Leserin A. aus R. fragt:
Warum werden die Christen von den Römern denn verfolgt? Sie tun doch niemandem etwas zu Leide.
Römischer Senator, Rechtsausschuss:
Wir Römer lassen in unserem Machtbereich jede Religion zu. Nur eine Bedingung ist zu erfüllen: Jeder Staatsbürger muss regelmäßig unserem Kaiser ein Opfer bringen und zu ihm beten. Unser Kaiser wird dadurch zugleich als Gott verehrt. Die Christen aber weigern sich, dem Kaiser ein Opfer zu bringen, weil sie nur ihren Gott verehren wollen. Damit verstoßen sie gegen das römische Staatsrecht, und deshalb werden sie verfolgt. Die Christen reagieren darauf, indem sie sich nur noch heimlich treffen und sich mit Geheimzeichen verständigen. Das alles wiederum macht sie bei uns Römern noch mehr verdächtig.

1. Warum verfolgen die römischen Kaiser die Christen?

2. Wie werden die Christen unterdrückt?

3. Alle Maßnahmen erwiesen sich als unwirksam. Das Christentum bekam immer mehr Anhänger. Warum konnten Christen allen diesen Schikanen widerstehen?

4. Kennst du Menschen, die heute verfolgt werden? Warum werden sie verfolgt? Was haben sie zu befürchten?

Ein christliches Geheimzeichen!

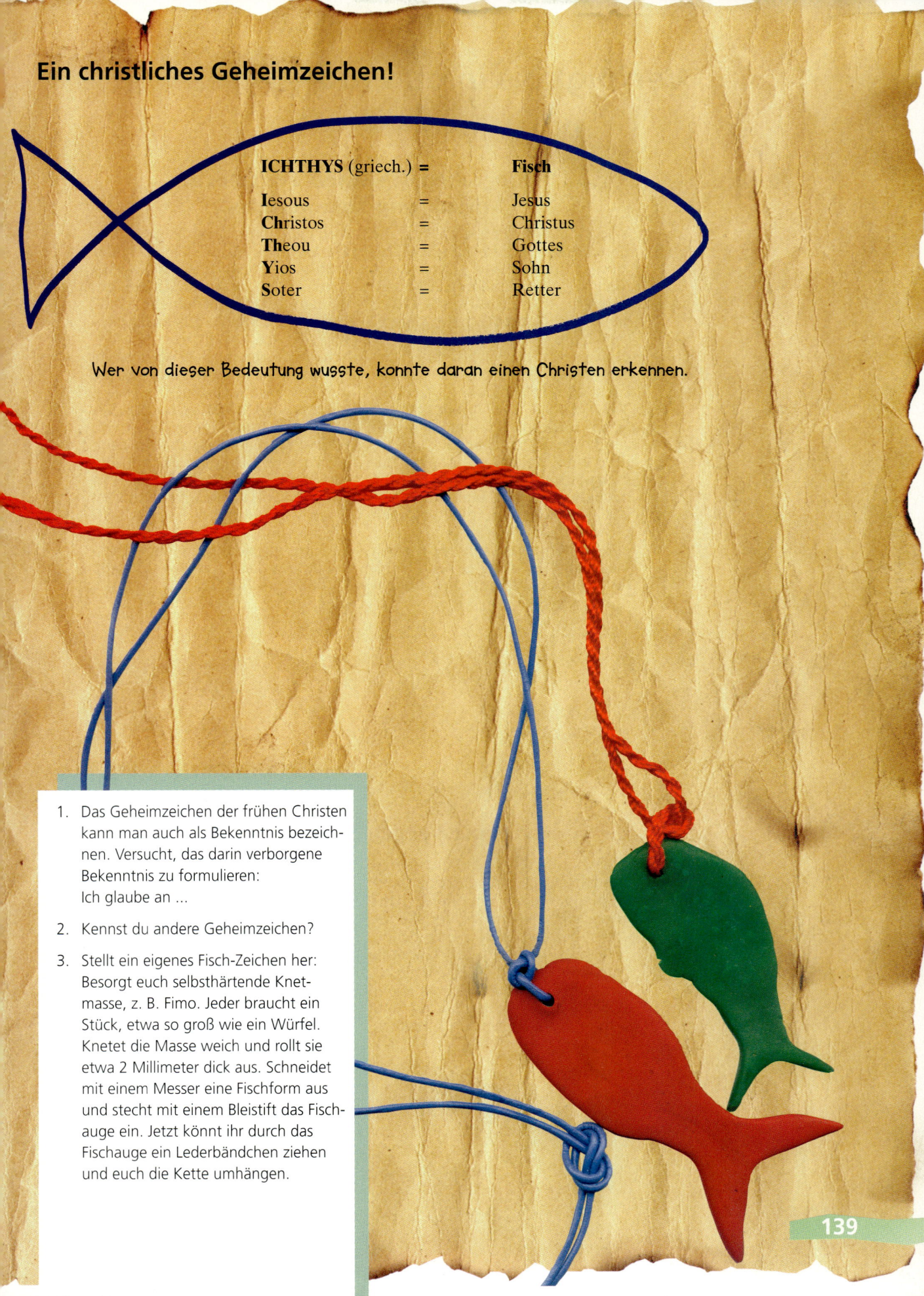

ICHTHYS (griech.) **=**   **Fisch**

Iesous	=	Jesus
Christos	=	Christus
Theou	=	Gottes
Yios	=	Sohn
Soter	=	Retter

Wer von dieser Bedeutung wusste, konnte daran einen Christen erkennen.

1. Das Geheimzeichen der frühen Christen kann man auch als Bekenntnis bezeichnen. Versucht, das darin verborgene Bekenntnis zu formulieren:
Ich glaube an ...

2. Kennst du andere Geheimzeichen?

3. Stellt ein eigenes Fisch-Zeichen her: Besorgt euch selbsthärtende Knetmasse, z. B. Fimo. Jeder braucht ein Stück, etwa so groß wie ein Würfel. Knetet die Masse weich und rollt sie etwa 2 Millimeter dick aus. Schneidet mit einem Messer eine Fischform aus und stecht mit einem Bleistift das Fischauge ein. Jetzt könnt ihr durch das Fischauge ein Lederbändchen ziehen und euch die Kette umhängen.

Verfolgt bis in den Tod

Eingreifen des Vaters vergeblich: Miriam zum Tode verurteilt

Wie wir in unserer letzten Ausgabe berichteten, war Miriam, eine 22-jährige Christin und Mutter eines Säuglings, mit anderen Christen zusammen verhaftet worden, weil sie einen Taufunterricht organisiert hatte.

Gestern war das Verhör durch den Statthalter. Als die Reihe an Miriam kam, erschien plötzlich ihr Vater Tobias mit ihrem kleinen Sohn Jonatan. Er machte einen sehr aufgeregten Eindruck und redete eindringlich auf sie ein. Immer wieder drängte er sie: „Sprich doch das Gebet!" Damit meinte er das Gebet zu unseren römischen Göttern – die Voraussetzung für einen Freispruch. „Es geht doch nicht nur um *dein* Leben. Denk doch an dein Kind! Es braucht dich doch, dich, seine Mutter!" Daraufhin wandte sich auch der Statthalter noch einmal an Miriam: „Hast du kein Mitleid mit deinem Vater und deinem Kind? Es liegt allein an dir. Bring das Opfer für das Heil des Kaisers. Schwöre deinem Gott ab, und du bist frei." Miriam sah ihn stolz an und antwortete: „Nein!"

Nun stellte der Statthalter die alles entscheidende Frage: „Bist du Christin?" Und ohne zu überlegen antwortete Miriam: „Ja, ich bin Christin." Ihr Vater schrie entsetzt auf und wollte sich auf sie stürzen. Doch der Statthalter ließ ihn festnehmen und vor den Augen seiner Tochter auspeitschen. Dann verkündete er das Urteil über Miriam: Tod durch wilde Tiere.

Todesurteil gegen Miriam vollstreckt

Eine riesige Menschenmenge hatte sich gestern im Amphitheater eingefunden, um der Hinrichtung Miriams und anderer Christen beizuwohnen. Erhobenen Hauptes betraten die Christen die Arena, in der bereits die Wärter mit den wilden Tieren – ein Leopard, ein Bär, ein Eber und ein wilder Stier – in den Zwingern warteten. Da begann Miriam einen Psalm zu singen. Die anderen stimmten ein. Einige der Verurteilten erhielten eine Stange, um mit den Tieren zu kämpfen. Andere, darunter auch Miriam, wurden an einen Pfahl gebunden und standen ihnen völlig hilflos gegenüber. Nach 45 Minuten waren alle Verurteilten gefressen.

Zwei Leserbriefe

Ich bin Tobias, der Vater von Miriam. Eigentlich bin ich auch Christ. Doch jetzt zweifle ich daran, ob das noch richtig ist. Wir Christen sollen uns zu unserem Gott bekennen. Das habe ich bisher auch immer gemacht. Doch ist es richtig, für seine Überzeugung sein Leben wegzuwerfen? Wofür ist denn meine Miriam gestorben? Für nichts! Wenn sie nachgegeben hätte, hätte sie weiterleben und noch viel Gutes tun können. Jetzt muss der kleine Jonatan ohne seine Mutter groß werden. Das alles kann doch Jesus nicht gewollt haben!

Antwort auf Tobias:

Ich bin auch ein Christ und ich meine: Miriam hat sich richtig verhalten. Sie ist nicht „für nichts" gestorben, sondern für ihren Glauben, den sie auch angesichts des Todes nicht verraten hat. So wie Jesus!
Und was die Erziehung des kleinen Jonatan angeht, da bist du, Tobias, jetzt verantwortlich. Sorge dafür, dass er auch Christ wird. Du warst doch von Anfang an dabei. Erzähle ihm alles von Jesus und wie es danach weitergegangen ist.

1. Welche Entscheidungsmöglichkeiten hatte Miriam? Nennt jeweils Vor- und Nachteile und die möglichen Konsequenzen.

2. Muss ein guter Christ für seinen Glauben in den Tod gehen?

3. Auch heute noch werden Menschen wegen ihres Glaubens verfolgt. Kennt ihr Beispiele dafür?

Für ihren Glauben gelebt und gestorben!

Unsere liebe Mutter und Tochter

Miriam

wurde im Alter von 22 Jahren zum Tode verurteilt und grausam hingerichtet.

Du fehlst uns so sehr.
Wir werden dich nie vergessen.

In Liebe nehmen Abschied von dir

Tobias
Jonatan

Die Beerdigung findet heute an einem geheimen Ort (NEBMOKATAK) statt.

4. Miriam schreibt einen Abschiedsbrief an ihren Sohn, in dem sie ihre Entscheidung begründet. Formuliert einen kurzen Text.

5. In der letzten Nacht vor der Hinrichtung betet Miriam zu Gott. Schreibt auf, was sie ihm sagen könnte. Wofür könnte sie ihm danken, worum ihn bitten?

Mit Konstantin kam die Wende

Rom, im Jahre 347

Ich bin Andreas, ein Ururururururururururenkel von Tobias. Seit Generationen werden das Album von Tobias und die mit ihm verbundenen Erinnerungen und Geschichten zur Entstehung des Christentums in unserer Familie weitergegeben. Wir sind sehr stolz auf Miriam, die wegen ihres Mutes ein Vorbild für alle folgenden Generationen war und für mich auch heute noch ist. Vor allem ihrer Tat ist es zu verdanken, wenn in unserer Familie fast alle bekennende Christen geworden sind. Ihr Tod war also nicht umsonst!

Es hat sich gezeigt, dass die Ausbreitung des Christentums nicht aufzuhalten ist. Um dies auch meinen Kindern zu dokumentieren, will ich das Album von Tobias weiterführen.

Rom, im Jahre 313

Anordnung

Ich, Kaiser Konstantin, gestatte, dass jeder die Religion ausüben darf, für die er sich entschieden hat. Jeder, der sich zu der Religion der Christen bekennt, soll dies in Zukunft frei und ohne irgendeine Belästigung tun können.

Damit der Inhalt dieses Gesetzes allen bekannt wird, soll dieses Schreiben im ganzen Reich angeschlagen werden.

Kaiser Konstantin

Folgte Konstantin einem göttlichen Zeichen?

Für viele sicherlich überraschend, ist in der letzten kaiserlichen Erklärung die offizielle Anerkennung der christlichen Religion durch unseren Kaiser erfolgt. Was sind die Hintergründe für diese Entscheidung?

Nach dem Tod von Kaiser Galerius (311) entbrannte ein heftiger Streit zwischen Konstantin und Maxentius um seine Nachfolge. Maxentius herrschte im gut befestigten Rom und hatte viel mehr Soldaten als Konstantin. Dennoch griff Konstantin Rom an und siegte.

In der Nacht vor der entscheidenden Schlacht schlief Konstantin sehr unruhig. Plötzlich sah er ein Zeichen an seiner Zeltwand und hörte ein Stimme, die ihm versprach: „In diesem Zeichen wirst du siegen." Konstantin erkannte in dem Zeichen zwei ineinander geschobene griechische Buchstaben: X = Ch und P = R, die beiden Anfangsbuchstaben des Namens Christus. Sie bildeten ein Kreuz: Das ist das Zeichen, dachte Konstantin. Der Gott der Christen hat zu mir gesprochen.

Daraufhin stand Konstantin auf und fiel vor seinem Bett auf die Knie, um mit aller Kraft und voller Hoffnung zu diesem Gott zu beten. Als Konstantin am nächsten Tag die gegnerischen Truppen in die Flucht schlagen konnte, wusste er: Der Gott der Christen muss ein mächtiger Gott sein, wenn er mich siegen lassen kann.

Aus Dankbarkeit veröffentlichte Kaiser Konstantin nun die Anordnung zur Anerkennung des Christentums.

1. Wem verdankt Konstantin seiner eigenen Überzeugung nach den Sieg über seinen Rivalen Maxentius?

2. Wie beurteilt ihr den Ausgang der Entscheidungsschlacht?

3. Kaiser Konstantin erteilt seinem besten Künstler den Auftrag, eine Fahne mit dem Christus-Zeichen zu gestalten. Fertigt einen Entwurf dazu an.

Sensation: Der römische Kaiser lässt sich taufen

Rom, im Jahre 337

Ein besonderes Ereignis fand gestern in der Kirche in Rom statt. Seit seinem Sieg gegen Maxentius stand Kaiser Konstantin dem christlichen Glauben bekanntlich sehr nahe. Nun, in der Nähe seines Todes, tat er den letzten Schritt: Er ließ sich taufen.

Es ist damit zu rechnen, dass viele Römer seinem Beispiel folgen werden.

Kaiserliche Verlautbarung

Rom, im Jahre 391

Ich, Kaiser Theodosius, erlasse hiermit folgenden Befehl:

Die christliche Religion ist ab sofort offizielle Staatsreligion im Römischen Reich und für alle Bürger verpflichtend. An allen Orten sollen die Tempel der Heiden geschlossen werden. Damit wird verhindert, dass die Heiden das Verbrechen begehen, falsche Götter anzubeten. Nur noch der christliche Gott soll angebetet werden. Keiner soll mehr einem fremden Gott opfern. Wenn jemand etwas Derartiges dennoch versucht, soll seine Strafe der Tod durch das Schwert sein. Das Vermögen des Hingerichteten soll die Staatskasse erhalten.

Kaiser Theodosius

Aus Verfolgten dürfen keine Verfolger werden!

Aufgrund der letzten kaiserlichen Verlautbarung ist es zur Anerkennung der christlichen Religion im ganzen römischen Reich gekommen. Das ist schön. Dafür haben wir lange gekämpft. Doch es ist jetzt auch zu schlimmen Ausschreitungen gegenüber Nichtchristen gekommen. Das darf nicht sein. Gerade wir Christen wissen, wie es ist, verfolgt zu werden. Und wir wissen auch, dass Jesus das nicht wollte. Aus Verfolgten dürfen keine Verfolger werden!

Die Entwicklung des Christentums ist gekennzeichnet durch Höhen und Tiefen

1. Übertrage die Kurve in dein Heft.
   Ordne den einzelnen Punkten die folgenden Ereignisse zu:

Das Christentum wird Staatsreligion

Massive Christenverfolgungen

Weltweite Verbreitung des Christentums durch Paulus

Wachsendes Misstrauen gegenüber Christen

Pfingsten: Massentaufe

Erstes öffentliches Auftreten der Jünger

Kaiser Konstantin verbietet die Christenverfolgungen und lässt sich taufen

Online mit Gott

Lieber Gott!
Ich danke dir dafür, dass in diesem Winter kein Schnee auf den Straßen liegt und ich deshalb jeden Tag ein bisschen aus dem Haus kann. Nun ist mein Bruder krank geworden und er braucht meine Hilfe. Morgen muss ich ihn besuchen. Mach bitte, dass es auch heute Nacht nicht schneit, damit ich ohne Sorgen zu ihm gehen kann. Amen.

Lieber Gott!
Zu Weihnachten habe ich so einen schönen Schlitten geschenkt bekommen. Dafür will ich mich bei dir bedanken. Aber ich habe ihn noch nicht ein Mal ausprobieren können, weil es keinen Schnee gibt. Mach doch bitte, dass es heute die ganze Nacht schneit, dass ich wenigstens morgen, an meinem letzten Ferientag, Schlitten fahren kann. Amen.

1. Was haltet ihr von diesen beiden Gebeten?

2. Welches Gebet soll Gott erhören und warum?

3. Überlegt euch andere Situationen, in denen Menschen Gegensätzliches erbitten könnten.

4. Betrachte das Foto. Welches Gebet könnte der einen Sportlerin gerade durch den Kopf gehen, welches der anderen?

Junge: Oma hat Gott genau um das Gegenteil gebeten wie ich. Welches Gebet wird Gott denn nun erhören?

Mutter: Gott hört auf beide Gebete, das heißt, er hat für beide Verständnis. Wie Gott euch dann „antwortet", das ist seine Sache. Darüber sollten wir Menschen uns nicht den Kopf zerbrechen.

Junge: Ich kann also nicht sicher sein, dass Gott meine Gebete erhört?

Mutter: Gott hört alle deine Gebete. Er versteht dein Anliegen und er ist bei dir, wenn du zu ihm sprichst. Aber er reagiert nicht immer, wie wir Menschen es gern hätten.

Junge: Also, Gott macht, was er will, egal was ich bete?

Mutter: Beten heißt: Ich bespreche mein Leben mit Gott, und zwar mit allem, was dazugehört. Ich erzähle Gott von meinem Leben und meinen Wünschen, aber ich achte auch Gottes Freiheit. Das heißt, ich freue mich, wenn Gott mein Gebet so erhört, dass ich es direkt merken kann. Aber ich bin mir stets auch bewusst: Ich bin ein Mensch und Gott ist Gott.

1. Lest das Gespräch zunächst mit verteilten Rollen.

2. Spielt das Gespräch noch einmal, die „Mutter" antwortet jetzt jedoch auswendig, das heißt ohne die Buchvorlage. Wer kann die Antworten der Mutter am genauesten wiedergeben?

Rico (13) ist mit seinem neuen Rad unterwegs. Als er in eine Landstraße einbiegt, entdeckt er dort ein Auto, das im Graben liegt. Der Unfall muss kurz vorher passiert sein. Die Fahrerin ist herausgeschleudert worden und liegt am Straßenrand. Rico hält sofort und kümmert sich um die Verletzte. Er spricht sie an, leistet erste Hilfe und alarmiert mit seinem Handy den Notarzt. Der Frau geht es sehr schlecht. Sie will Rico etwas sagen. Als er sich über sie beugt, flüstert sie: „Bitte, bete für mich!"

3. Warum bittet die Frau Rico, für sie zu beten?

4. Formuliert ein Gebet, das Rico für die Frau sprechen könnte.

5. Hilft das Gebet der Frau?

6. Beschreibt Situationen, in denen eurer Meinung nach Menschen häufig beten.

Gebetserhörung

Gott hilft!?

An den Tag, an dem Vater den blauen Brief bekam, erinnert sich Volker genau. Vater hat das Kuvert aufgerissen, den Brief rausgeholt und gelesen. Und dann hat er sich hingesetzt und gar nichts gesagt. Nur der Mutter stumm den Brief hingehalten.

„… müssen wir Ihnen leider mitteilen, dass wir aufgrund der schlechten Auftragslage gezwungen sind, Ihr Arbeitsverhältnis mit unserer Baufirma fristgerecht zum 1. November zu lösen."

Volkers Vater war arbeitslos. Das ist nun schon sechs Monate her. Anfangs war der Vater voller Hoffnung gewesen. Aber seit er von überall, wo er sich beworben hat, nur Absagen bekommen hat, ist es aus mit seiner guten Laune. Jetzt sitzt er ständig zu Hause und brütet vor sich hin. Mutter schreibt seit neuestem alle Ausgaben in ein schwarzes Notizbuch. Als Volker Geburtstag hatte, da suchte er vergeblich nach dem versprochenen Fahrrad. Immer öfter bekommen seine Eltern jetzt Streit wegen des Geldes.

Vier Wochen später

1. Erzählt die Geschichte anhand der Bilder.

2. Was meint ihr zu Volkers Einfall?

3. Um was könnte Volker Gott bitten? Schreibt den Brief für Volker.

4. Warum steckt Volker seinen Brief nicht in den Briefkasten, sondern hängt ihn an einen Ballon?

5. Sammelt Möglichkeiten, wie die Geschichte weitergehen könnte.

6. Die Arbeiter auf einer Baustelle haben Volkers Brief gefunden. Wie kommen sie darauf, Volkers Vater zu helfen – sie kennen ihn doch gar nicht?

7. Vater weiß nichts von Volkers Ballon. Wie erklärt er sich seine neue Arbeit?

8. Wie erklärt sich Volker die neue Situation?

9. Volker dankt Gott für seine Hilfe. Was könnte er Gott gesagt haben?

... oft anders, als man denkt

Gegen Ende der sechsten Klasse waren Florians Noten sehr schlecht. Es bestand die Gefahr, dass er sitzen bleiben würde. Florian war ganz verzweifelt. Alles Lernen schien keinen Zweck mehr zu haben. In dieser Situation betete Florian sehr intensiv zu Gott, damit ihm dies erspart bliebe.

Florian blieb sitzen. In seiner neuen Klasse kam Florian zu einer netten Lehrerin und fand schnell neue Freunde. Er schrieb gute Noten und gehörte meistens zu den besseren Schülern. Er machte einen guten Hauptschulabschluss und bekam sofort die erhoffte Lehrstelle.

1. Welches Problem hatte Florian, als er zu Gott betete?
2. Welche Hilfe erhoffte er sich von Gott?
3. Auf welche andere Weise könnte Gott ihm doch noch geholfen haben?

- Lea hat Dennis gefragt, ob er mit ihr gehen will. Dennis will es sich überlegen. Lea betet, dass Dennis Ja sagt.

- Eriks Eltern haben oft Streit. Sie wollen sich scheiden lassen. Erik betet, dass sie zusammenbleiben.

- Karen macht morgen die Aufnahmeprüfung für die Realschule. Sie betet, dass sie die Prüfung besteht.

- Daniels Vater wird in eine andere Stadt versetzt. Die ganze Familie muss umziehen. Daniel will sich nicht von seinen Freunden trennen. Er betet zu Gott, dass er hier bleiben kann.

4. Besprecht in Kleingruppen die obigen Beispiele und ergänzt die Tabelle in euren Heften.

	Worin liegt für den Beter bzw. die Beterin das Problem?	Welche Hilfe erwartet der Beter bzw. die Beterin von Gott?	Auf welche andere Weise könnte Gott auch helfen?
Lea Erik Karen Daniel			

Wir beten zu Gott aus unserem menschlichen Blickwinkel heraus. Gott sieht in seiner Allwissenheit aber mehr als wir. Vielleicht ist auch manches, was wir von Gott wünschen, eigentlich nicht gut für uns oder nicht gut für andere. Wichtig ist: Ich kann Gott alles sagen, ich kann ihn auch um vieles bitten, aber ich überlasse es ihm, wie er auf mein Gebet antwortet. Gott redet, antwortet und handelt mit uns auf verschiedene und oft sehr verborgene Weise. Gebetserhörungen erfolgen häufig nicht durch direkte Reaktionen. Sie geschehen vermittelt durch Menschen und Ereignisse.

Beten statt handeln?

... gib den Hungernden dieser Welt zu essen, den Verfolgten Zuflucht und mir einen ruhigen Schlaf!

Lukas leidet darunter, dass er in seiner Klasse ein Außenseiter ist. Er betet:

„Lieber Gott, bitte mach, dass die anderen in meiner Klasse mich mehr mitmachen lassen!"

Am Abend nach der Erdkundearbeit betet die kleine Nicole:

„Und bitte, lieber Gott, lass London die Hauptstadt von Frankreich sein!"

Lukas ist Außenseiter in der Klasse und wird von allen gemieden. Vanessa, die sehr beliebt ist und oft im Mittelpunkt der Klasse steht, hat Mitleid mit ihm und betet:

„Lieber Gott, mach, dass sich die anderen Mitschüler mehr um Lukas kümmern."

„Und bitte sorge dafür, lieber Gott, dass ich morgen endlich mal ein artiger Junge bin!"

1. Welches Anliegen bringen die verschiedenen Personen jeweils im Gebet vor Gott?

2. Was erwarten sie jeweils von Gott?

3. Was haltet ihr von diesen Gebeten?

Gebetsregeln

1. Im Gespräch mit Gott können wir erkennen, was im eigenen Leben passiert und was an einer Situation gut und schlecht ist.

2. Christliches Gebet will kein Wunder, das wie durch Zauberei eine Situation ändert, auch wenn ich mir das verzweifelt wünsche.

3. Im Gebet kann dem Menschen klar werden, was er selbst tun kann und tun muss, um diese Situation zu ändern oder sie durchzustehen.

4. Im Gebet und im Vertrauen auf Gott kann der Mensch Kraft und Ideen für sein eigenes Handeln finden.

1. Überprüfe die Gebete auf der linken Seite anhand der vier Gebetsregeln. Zu welchen Erkenntnissen könnten die einzelnen Beter in ihrem Gebet gelangen, wenn sie sich an die vier Gebetsregeln halten? Ergänze die Tabelle in deinem Heft.

	Nicole	Vanessa	Lukas	Junge	Mann
1. Regel	Erdkundearbeit verhauen				
2. Regel	London kann nicht Hauptstadt von Frankreich werden				
3. Regel	Ich muss besser lernen				
4. Regel	Mit Gottes Hilfe kann ich das auch				

Elena: Wenn ich immer alles selbst machen soll, wofür brauche ich dann noch Gott?

Patenonkel: Im Gebet kann mir klar werden, was ich tun soll. Beim Beten denke ich an Gott und daran, was Gott wohl gern hätte, dass ich es tue. Das kann mir dann bei wichtigen Entscheidungen helfen.

Elena: Aber es gibt doch auch immer wieder Situationen, in denen ich überhaupt nichts mehr tun kann. Warum soll ich denn dann beten? Im letzten Jahr ist z. B. mein bester Freund bei einem Verkehrsunfall ums Leben gekommen. Ich war ganz verzweifelt. Was hätte ein Gebet denn da noch helfen können? Er kann doch nicht mehr lebendig werden!

Patenonkel: Aber du hättest vielleicht Trost erfahren. Du hättest beten können: „Lieber Gott! Ich bin ganz verzweifelt. Mein bester Freund ist tot! Warum hast du ihm denn nicht geholfen? Aber ich weiß, er ist jetzt bei dir. Bei dir geht es ihm gut. Du sorgst für ihn. Bei dir ist er gut aufgehoben." Wenn dir dies im Gebet klar wird, kann auch deine Verzweiflung weniger werden.

Gebete – was es da alles gibt!

MORGENGEBETKLAGEGE
BUßGEBETSCHUTZGEBETL
GEBETDANKGEBETSCHULG
SCHLUSSGEBETFRIEDENSGE
GEBET......

2 *Bitte, lieber Gott, mach mich wieder gesund! Amen.*

1 **Kommt die Nacht, bin ich geborgen. Gott wird bei mir sein. Ach, ich freu mich schon auf morgen und schlaf fröhlich ein. Amen.**

5 Ich bin erwacht nach dunkler Nacht, du warst bei mir, hab Dank dafür. Amen.

3

1. Dan-ke, für die-sen gu-ten Mor-gen, dan-ke für je-den neu-en Tag,

dan-ke, dass ich all mei-ne Sor-gen auf dich wer-fen mag.

4 *Ich habe heute meine Freundin Marion angelogen. Bitte hilf mir, dass ich ihr dies erzählen kann, und dass sie mir dann nicht böse ist. Amen.*

1. Schreibe die 18 Gebetsarten, die oben inein-ander gerutscht sind, noch einmal auf. Ergänze die Liste, wenn dir weitere einfallen.

2. Welche Gebete sind euch unbekannt? Er-kundigt euch nach ihrer Bedeutung.

7
Lieber Gott,
ich habe nicht die Turnschuhe mit den richtigen Streifen, nicht das T-Shirt mit dem richtigen Abzeichen und nicht die Jeans mit der richtigen Marke. Muss ich das haben, damit mich die anderen akzeptieren? Manchmal fühle ich mich allein! Nimm mir die Angst, „out" zu sein, gib mir den Mut, auch gegenüber anderen zu mir zu stehen. Amen.

6
Alle guten Gaben,
alles, was wir haben,
kommt, o Gott, von dir,
Dank sei dir dafür. Amen.

8
Müde bin ich, geh zur Ruh,
schließe meine Augen zu.
Vater lass die Augen dein
über meinem Bette sein. Amen.

9
Lieber Gott,
vielen Dank für das Essen.
Amen.

- Freie Gebete
- Vorformulierte Gebete
- Dankgebete
- Bittgebete
- Morgengebete
- Tischgebete
- Abendgebete

1. Erstelle eine Tabelle, in deren linke Spalte du die Gebetsarten auf dem Zettel auflistest und in deren rechte Spalte du die Nummern der Gebete dieser Doppelseite den passenden Oberbegriffen zuordnest. Mehrfachnennungen sind möglich.

2. Formuliere jeweils ein Dankgebet und ein Bittgebet, oder wähle zwei Gebete aus, die dir besonders gut gefallen, und schreibe sie in dein Heft.

3. Was ist der Grund dafür, dass die Menschen viel mehr Bittgebete als Dankgebete sprechen?

4. Schaut im Evangelischen Gesangbuch oder in Gebetsbüchern nach. Sammelt in Kleingruppen Gebete, die euch gut gefallen, und gestaltet damit jeweils ein Gebetplakat.

Beten – was bringt das?

Beten – ups, was soll denn das? Da habe ich doch wohl anderes zu tun. Und überhaupt, was sollte mir denn das bringen? Da kommt doch sowieso nie was zurück.

Pfarrer: Ich weiß, viele Menschen empfinden so. Doch immer wieder erzählen Menschen, auch Jugendliche, von ganz anderen Erfahrungen mit dem Beten. Und oft waren das Menschen, die zunächst überhaupt nichts vom Beten hielten, es dann aber einfach mal ausprobiert und sich darauf eingelassen haben.

Ich bete gern. Dabei nehme ich keine Vorlagen, keine Formeln, sondern benutze meine eigene Sprache, erzähle von meinem Leben und benutze meine Worte. Dabei erfahre ich auch deutlicher, was mit mir los ist. Vieles wird mir klarer, wenn ich es ausspreche. (**Lisa**, 15 Jahre)

Im Gebet merke ich, wie vielfältig das Leben doch ist. Wenn ich bewusst darüber nachdenke, fallen mir nicht nur die Probleme ein, sondern auch das viele Schöne, das ich habe. (**Niko**, 12 Jahre)

Meine Schwester hatte Krebs. Sie ist daran gestorben. Ich habe sie immer noch sehr lieb und vermisse sie ganz arg. Wenn ich für sie bete, dass es ihr gut geht in dieser anderen Welt, dann tröstet mich das und es geht mir besser. (**Marie**, 15 Jahre)

Beten finde ich super! Beten heißt für mich: alles sagen können, was Sinn macht in meinem Leben und auch, was darin Unsinn, falsch und schwierig ist. Ich erzähle von meinen Träumen, von meinem Glück, von meiner großen Liebe. Aber auch von meiner Angst, meinen dunklen Gedanken und meiner Wut. So, als ob Gott meine beste Freundin ist, der ich alles anvertrauen kann. (**Ronja**, 16 Jahre)

Beten tut mir gut. Dann bin ich für eine kurze Zeit mal ganz für mich allein. Ich kann mich zurückziehen – ohne einsam zu sein. (**Kevin**, 13 Jahre)

Manchmal finde ich beim Beten überhaupt keine Worte, mit denen ich genau das ausdrücken kann, was mich bewegt. Dann bin ich einfach ganz still, und irgendwie habe ich das Gefühl, Gott versteht mich trotzdem. (**Sophia**, 14 Jahre)

Manchmal bin ich ganz verzweifelt. Wenn ich dann bete, geht es mir hinterher oft besser. Ich denke dann: So, jetzt kümmert sich auch jemand anderes darum. (**Leonie**, 11 Jahre)

Beim Beten denke ich oft an andere Menschen – an die, die ich mag, aber auch an solche, die ich nicht so gut leiden kann. Manchmal fällt es mir dann leichter, sie zu verstehen. (**Tim**, 18 Jahre)

1. Von welchen Erfahrungen berichten die Jugendlichen jeweils?

2. Welche Erfahrungen könnt ihr verstehen? Welche nicht so gut?

Beten bringt was!

• Verstanden werden,
auch ohne große Worte

• Möglichkeit, mich
zurückzuziehen

• Trost in Situationen,
in denen ich nichts
mehr tun kann

• Klarheit über
mein Leben

• Erkennen des Schönen
in meinem Leben

• Erleichterung, weil
ich meine Sorgen bei
Gott abladen kann

• Verständnis für andere
Menschen

• Möglichkeit, einem
Freund alles anvertrauen
zu können

3. Ordnet die Aussagen links diesen Möglichkeiten zu.

4. Gestaltet im Heft oder auf Tonpapier ein Plakat, das für das Beten zu begeistern versucht.
    Weist dabei darauf hin, was Beten dem einzelnen Menschen bringen kann.

Beten – das kriegt jeder hin

„Gott, ich komme mir komisch vor, wenn ich zu dir spreche. Ich weiß gar nicht, ob es dich gibt. Ich habe das Gefühl, dass mein Gebet nicht aus diesem Zimmer heraus kommt. Gott, wenn es dich wirklich gibt, dann lass mich das doch spüren. Mir fällt es so schwer, an dich zu glauben. Vielleicht will ich es auch gar nicht. Bislang bin ich auch ohne dich zurechtgekommen. Gott, wenn es dich wirklich gibt, dann hilf mir doch, dass ich nicht an dir zweifeln muss. Andere können zu dir beten. Mir fällt es so schwer. Antworte mir doch. Amen."

(**Melissa**, 14 Jahre)

1. Welches Problem hat Melissa? Warum wendet sie sich an Gott?

2. Stell dir vor, du willst zum ersten Mal zu Gott beten. Was würdest du ihm sagen? Formuliere ein kurzes Gebet.

Swen: Was hält Gott von einem solchen Gebet?

Mutter: Gott freut sich über die Beterin. Es ist ihm egal, ob wir dabei vorformulierte Gebete oder einfache Sätze sprechen. Jesus ermuntert uns zum Gebet: „Bittet, so wird euch gegeben; suchet, so werdet ihr finden, klopft an, so wird euch aufgetan." Gott wartet darauf, dass wir mit ihm sprechen. Wenn jemand auch vorsichtig anklopft, wie Melissa, dann wird Gott die Tür öffnen und antworten. Man muss die Antwort nur hören können.

Swen: Gott sitzt da und wartet, bis wir zu ihm kommen?

Mutter: Nein, Gott geht zuerst auf uns zu, er spricht uns zuerst an.

Swen: Gott spricht uns an? Wie soll denn das gehen? Mich hat er noch nicht angesprochen.

Mutter: Gott spricht uns an in den Menschen, die uns begegnen, in den Dingen der Schöpfung, in den Ereignissen des eigenen Lebens und in den Texten der Bibel. Wenn in uns der Wunsch wach wird zu beten, dann heißt das, dass sich Gott bei uns schon bemerkbar gemacht hat. Und wenn der Mensch dann betet, antwortet er damit Gott.

Swen: Wie soll man denn mit Gott reden?

Mutter: Gott kann man alles sagen, so, wie man es möchte. Da gibt es überhaupt keine Vorschriften. Allerdings kann man beten auch lernen. Es gibt da z. B. einen guten „Schnellkurs Beten".

Swen: Aber am Ende muss doch Amen stehen? Was bedeutet das eigentlich?

Mutter: Wenn man will, kann man sein Gebet mit „Amen" abschließen. Amen kommt aus dem Hebräischen und bedeutet „So sei es". Man spricht es als Bekräftigung seines Gebets.

3. Die Mutter sagt, dass Gott auf uns zugeht, dass er uns anspricht. Welche Beispiele nennt sie dafür? Gibt es Situationen in deinem Leben, wo man sagen könnte: Da hat dich Gott angesprochen?

Schnellkurs Beten

Eine gute Zeit zum Beten ist vor dem Einschlafen, wenn man den vergangenen Tag noch einmal vorüberziehen lässt.

Schreibe einen solchen gedanklichen Rückblick jetzt einmal stichwortartig auf:

Was habe ich heute gemacht – morgens, mittags, nachmittags, abends?

Ist etwas Besonderes passiert? Wenn ja: was?

Was habe ich an Schönem erlebt?

Was ist schwierig gewesen?

Welchen Menschen bin ich begegnet?

Was habe ich von ihren Freuden und Schwierigkeiten mitbekommen?

Nachdem du zurückgeblickt hast, kannst du diesen Tag mit einem Gebet beschließen.

Schreibe stichwortartig auf, worüber du mit Gott sprechen willst:

Wofür kann ich Gott danken?

Worüber möchte ich mit Gott reden – worum ihn vielleicht bitten?

Für wen möchte ich beten?

Könnte ich für jemanden etwas Gutes tun?

Gebetsdreiklang:

- Dank: Ich nehme das Schöne in meinem Leben bewusst wahr und danke Gott dafür.
- Bitte: Ich bitte Gott um etwas für mich.
- Fürbitte: Ich bitte Gott für andere Menschen.

1. Wer will, kann seinen Tagesrückblick und seine Gebetsanliegen vorlesen.

2. Überlegt euch, an wen sich Menschen wenden, die große Sorgen haben, aber nicht an Gott glauben und das Beten ablehnen.

Vaterunser –
das Gebet, das Jesus uns gelehrt hat

Jünger: Ach, Meister, wir wollen auch zu Gott sprechen, so wie du. Zeig uns doch, wie man richtig betet.

Jesus: Eigentlich ist das ganz einfach. Wichtig ist, dass ihr es ehrlich meint. Leiert euer Gebet nicht herunter. Macht nicht so viele Worte. Gott weiß auch so, was ihr braucht.

Jünger: Ja, gut, aber könntest du uns vielleicht ein Mustergebet geben, das wir auswendig lernen und dann immer zusammen beten können?

Jesus: Also gut, ich sage euch eines, das könnt ihr immer beten. Am besten, ihr schreibt es euch auf.

Jünger (missmutig): Ach Meister, nicht schon wieder schreiben!

Jesus (gütig): Es sind doch nur ein paar Sätze! Überschrift: Das Vaterunser, …

Und Jesus diktiert, die Jünger schreiben murrend mit – jeder nur einen kleinen Teil.

Das Vaterunser ist das bekannteste christliche Gebet. Fast in allen Gottesdiensten wird es laut gebetet. Es ist das Gebet, das Jesus selbst seine Jünger in der Bergpredigt gelehrt hat. Alle Christen auf der ganzen Welt beten es in allen Sprachen.

Als Jesus nicht mehr auf Erden weilt, wollen die Jünger gemeinsam das Gebet beten, das Jesus sie gelehrt hat. Doch sie können sich nicht mehr an die richtige Reihenfolge erinnern. Wenn sie damals nur nicht so schreibfaul gewesen wären!

1. Schreibe das Vaterunser richtig in dein Heft.

2. Das Vaterunser lässt sich untergliedern in:

- Anrede
- 7 Bitten
- Lobpreis

Ordne die einzelnen Teile des Vaterunser dieser Gliederung zu:

Anrede: Vater unser...

1. Bitte: Dein Name...

2. Bitte:

3. ...

...

Lobpreis:

Amen

3. Versucht, das Vaterunser in Gebärdensprache zu beten. Überlegt dazu für jede Bitte, mit welcher Geste oder Gebärde sie ausgedrückt werden könnte. Dazu ein paar Anregungen:

- Mit zum Himmel geöffneten Händen beten. (So betete auch Jesus.)
- Kreuzung der Hände über der Brust.
- Rechte Hand aufs Herz legen
- Gefaltete Hände

Miteinander Christ sein

Marie: Mir persönlich ist es egal, ob jemand evangelisch oder katholisch ist. Das Wichtigste ist ja, dass man an Gott glaubt, und das tun die Katholischen auch. Und die paar kleinen Dinge, die zwischen Evangelischen und Katholischen unterschiedlich sind, die sind doch eigentlich unwichtig.

Pascal: Ich finde es gut, dass es die Trennung in Evangelische und Katholische gibt – weil irgendwie glauben die doch an verschiedene Sachen. Und darum ist es auch gut, dass Klassen in Reli getrennt sind.

1. Welcher Meinung kannst du dich eher anschließen? Warum?

2. Welche Unterschiede zwischen Evangelischen und Katholischen kennt ihr? Sammelt in Partnerarbeit Beispiele.

3. Findet ihr es gut, dass Schulklassen im Religionsunterricht getrennt sind? Welche Gründe sprechen dafür, welche dagegen?

> **:** *Das Christentum ist eine der großen Welt-religionen. Innerhalb des Christentums gibt es verschiedene Konfessionen. Das Wort Konfession kommt aus dem Lateinischen und bedeutet Bekenntnis, Glaubensbekenntnis. Heute bezeichnet man mit diesem Begriff alle christlichen Glaubensgemeinschaften. Man spricht von christlichen Konfessionen. In den wichtigsten Dingen des Glaubens stimmen die meisten der ungefähr 300 verschiedenen christlichen Glaubensgemeinschaften überein. Die größten und bekanntesten Konfessionen sind:*
> *die Katholiken, die Evangelischen, die Anglikaner, das sind Gläubige der englischen Staatskirche, und die Orthodoxen des Ostens.*

Gottesdienste in Bernhausen

Evang. Jakobuskirche
Ortsmitte
So   9³⁰

Evang. Johanneskirche
Rosenstraße 94
So   10³⁰

Evang. Petrus-Kirche
Talstraße 21
So   10³⁰

Kath. Stephanuskirche
Johannesstraße
Sa   18³⁰
So   10³⁰

Hamburg
36% evangelisch, 10% katholisch, 54% andere

Schleswig Holstein
60% evangelisch, 6% katholisch, 34% andere

Mecklenburg-Vorpommern
20% evangelisch, 4% katholisch, 76% andere

Bremen
48% evangelisch, 12% katholisch, 40% andere

Brandenburg
20% evangelisch, 4% katholisch, 76% andere

Niedersachsen
55% evangelisch, 18% katholisch, 27% andere

Berlin
24% evangelisch, 9% katholisch, 67% andere

Nordrhein-Westfalen
30% evangelisch, 45% katholisch, 25% andere

Sachsen-Anhalt
27% evangelisch, 10% katholisch, 63% andere

Hessen
43% evangelisch, 27% katholisch, 30% andere

Sachsen
24% evangelisch, 4% katholisch, 72% andere

Rheinland-Pfalz
33% evangelisch, 49% katholisch, 18% andere

Thüringen
27% evangelisch, 9% katholisch, 64% andere

Saarland
20% evangelisch, 68% katholisch, 12% andere

Bayern
23% evangelisch, 61% katholisch, 16% andere

Baden-Württemberg
36% evangelisch, 40% katholisch, 24% andere

Legende:
- evangelisch
- katholisch
- andere

1. In welchen Bundesländern wohnen mehr Evangelische, in welchen mehr Katholische?

2. Erstellt eine Rangfolge der Bundesländer entsprechend ihrem Anteil an evangelischen Christen.

3. Wie ist das Zahlenverhältnis evangelisch/katholisch in eurer Stadt, in eurer Schule, in eurer Klasse?

4. Was ist eine Konfession?

5. Sammelt Fragen, die ihr einem Katholiken oder einem Evangelischen gern stellen würdet. Interviewt euren evangelischen und katholischen Religionslehrer bzw. die Religionslehrerin.

6. Besorgt euch aus verschiedenen evangelischen und katholischen Gemeinden oder auch aus dem Internet (z.B. www.LUPEonline.de) Gemeindebriefe/Pfarrbriefe. Welche Veranstaltungen/Angebote sind gleich oder ähnlich? Welche verschieden?

Was heißt evangelisch?

In der katholischen Kirche gab es Missstände

Bis vor ungefähr 500 Jahren gab es in Deutschland nur die katholische Kirche. Um das Jahr 1500 n. Chr. herrschten zum Teil schlimme Zustände in der katholischen Kirche. Das Leben von vielen Priestern, Bischöfen und hohen Geistlichen erregte Anstoß und Ärgernis. Sie kümmerten sich immer weniger um die Menschen und deren Glauben. Stattdessen kümmerten sie sich immer mehr um die Verwaltung ihrer eigenen Ländereien, um den Ausbau ihrer Macht und um das Eintreiben von Geld. Selbst beim Papst in Rom gab es solche Missstände.

Martin Luther wollte die Kirche erneuern

In dieser Zeit lebte der Mönch Martin Luther. Er wollte sich nicht mit diesen Missständen abfinden. In seinen Predigten und Schriften rief er zur Änderung und Erneuerung der Kirche auf. Es sollte in der Kirche wieder mehr um den persönlichen Glauben und um die innere Einstellung der Menschen gehen. Das Wichtigste war für Martin Luther die Bibel und nicht in erster Linie das, was die Pfarrer sagen. Wegen ihres Protestes wurden die Anhänger Luthers „Protestanten" genannt – so heißen heute alle evangelischen Christen.

> *Evangelisch kommt von dem griechischen euangélion, das bedeutet „gute Nachricht". Damit ist die gute Nachricht von Jesus Christus gemeint. Evangelisch ist die Bezeichnung einer Konfession der christlichen Kirche. Evangelisch werden diese Christen genannt, weil das Evangelium, d. h. die gute Nachricht, die Jesus Christus verkündet hat, für sie am wichtigsten ist.*

Es kam zur Trennung

Doch der Papst und die Bischöfe wollten die Reform der Kirche nicht, die Martin Luther forderte.
Luther wurde sogar aus der Kirche ausgeschlossen. Es kam zur heftigen Auseinandersetzung mit Papst und Bischöfen und schließlich zur Trennung in zwei verschiedene Konfessionen, in die evangelische und in die katholische Konfession.

Die drei wichtigsten Merkmale der evangelischen Kirche

1. Die gute Nachricht von Jesus Christus ist der eigentliche Kern von dem, was im Neuen Testament zu finden ist: Gott liebt die Menschen so, wie sie sind. Die Menschen müssen nicht gute Werke tun, um zu Gott zu kommen. Sondern Gott ermöglicht ihnen ein Leben auch über den Tod hinaus, allein aus Gnade und ohne dass die Menschen es sich verdient hätten oder sich verdienen könnten.

2. Am wichtigsten im evangelischen Gottesdienst ist das Wort Gottes, d.h. die Predigt, in der das Wort Gottes erklärt wird, und nicht gottesdienstliche Feierlichkeiten.

3. Vor Gott sind alle Menschen gleich. Kein Mensch, auch kein Pfarrer oder Papst, steht näher zu Gott, nur weil er ein besonderes Amt hat.

1. Wie entstand die evangelische Kirche? Beschreibe die drei Stationen anhand der Texte und Bilder auf der linken Seite.

2. Welches sind die drei wichtigsten Merkmale der evangelischen Kirche?

3. Die Bilder verdeutlichen die wichtigsten Merkmale der evangelischen Kirche. Ordnet sie richtig zu. Zeichne die Bilder in dein Heft und gib jedem Bild eine Überschrift, die das jeweilige Merkmal deutlich macht.

Ein katholischer Priester erzählt von seiner Kirche

Schüler: Was heißt denn eigentlich „katholisch"?

Pfarrer: Das Wort katholisch kommt aus dem Griechischen und bedeutet dort „ganz", „allgemein", „alle betreffend".

Schüler: Warum nennt sich Ihre Kirche „katholisch"?

Pfarrer: Die katholische Kirche will die Kirche sein, die den „rechten" Glauben hat, der allgemein, für alle gelten soll. Inzwischen ist katholisch aber zu einer Bezeichnung einer christlichen Konfession neben anderen geworden.

Schüler: Warum kann der Papst bei Ihnen über alles bestimmen?

Pfarrer: Der Papst ist nach katholischer Auffassung das Oberhaupt der Kirche. Er trägt den Titel „Stellvertreter Christi auf Erden". Der Papst gilt als Nachfolger von

Petrus. Er ist unfehlbar, wenn er in entscheidenden Fragen des Glaubens oder des christlichen Handelns eine für die Gläubigen verbindliche Aussage macht.

Schüler: Was macht denn das Mädchen da?

Pfarrer: Sie taucht ihre Finger in das Weihwasserbecken. Das geweihte Wasser erinnert uns daran, dass wir getauft sind. Sie bekreuzigt sich und sagt dabei leise: „Im Namen des Vaters und des Sohnes und des Heiligen Geistes." Damit möchte sie zum Ausdruck bringen, dass wir zu Jesus Christus gehören.

Schüler: Was ist denn das für eine Kabine?

Pfarrer: Das ist ein Beichtstuhl. In der Mitte sitzt der Priester. Die Menschen kommen zu ihm und bekennen vor Gott, was sie falsch gemacht haben, und der Priester erteilt ihnen im Namen Gottes Vergebung (Absolution). Er sagt: „Ich spreche dich los von deiner Schuld."

Schüler: Da ist ja Maria mit dem Jesuskind.

Pfarrer: Ja, das ist unser Marienaltar. Weil Maria den Gottessohn zur Welt gebracht hat, wird sie in unserer Kirche von den Gläubigen besonders verehrt.

Schüler: Warum kniet das Mädchen?

Pfarrer: Es ist in die Kirche gekommen, um zu beten. Und beim Gebet in der Kirche knien wir, weil wir Gott, den wir im Gebet anrufen, damit verehren wollen.

Schüler: Und was ist denn das für ein Schränkchen beim Altar, warum brennt da ein rotes Licht?

Pfarrer: In dem Schränkchen – es heißt Tabernakel – befindet sich der Leib Christi. Wir glauben, dass Jesus in Brot und Wein leibhaftig da ist, wenn der Priester beim Abendmahl von ihnen spricht. Deshalb verwahren wir die so verwandelten Gaben in diesem Schränkchen auf. Das rote Licht – wir nennen es das ewige Licht – zeigt an, dass das Schränkchen nicht leer ist.

Schüler: Jetzt stehen noch zwei Begriffe auf meinem Interviewbogen: Eucharistiefeier und Firmung.

Pfarrer: Eucharistiefeier, so nennen wir unsere Abendmahlsfeier. Firmung ist das Gleiche wie bei euch die Konfirmation. Das wichtigere Fest für katholische Kinder ist aber die Erstkommunion. Sie wird mit ungefähr 10 Jahren gefeiert.

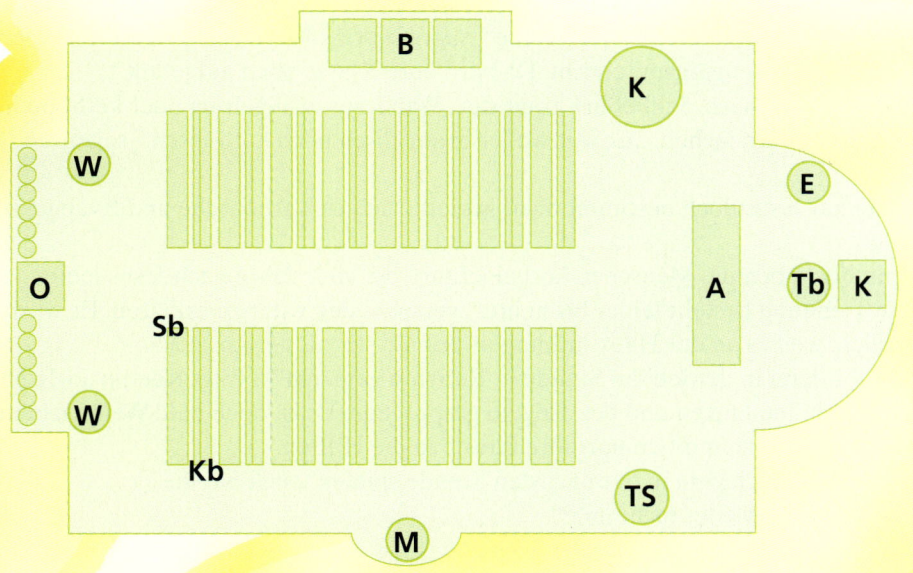

1. Zeichne den Grundriss einer katholischen Kirche in dein Heft. Schreibe die einzelnen Einrichtungsgegenstände daneben (z. B.: B = Beichtstuhl): Beichtstuhl, Orgel, Tabernakel, Ewiges Licht, Sitzbänke, Kniebänke, Marienfigur, Altar, Kanzel, Weihwasserbecken, Kreuz, Taufstein.
   Male die Einrichtungsgegenstände, die nur in der katholischen Kirche sind, rot. Male die Gegenstände, die auch in einer evangelischen Kirche sind, blau an.

2. Katholiken beichten ihre Fehler. Danach spricht sie der Priester von ihren Sünden frei. Welche Vor- und Nachteile seht ihr in dieser Praxis?

3. Die katholischen Kinder gehen schon mit 10 Jahren zur Erstkommunion.
   Was haltet ihr davon?
   Sammelt Vor- und Nachteile.

Vieles geht zusammen

Religionsunterricht – getrennt und gemeinsam

Sabine und Kerstin kennen sich seit ihrem ersten Tag im Kindergarten. Seitdem sind sie Freundinnen. Sie spielen immer zusammen. Sie sind fast wie Geschwister.

Als Kerstin und Sabine in die Schule kommen, sind sie in einer Klasse. Sie sitzen nebeneinander. Sie arbeiten zusammen.

Doch zweimal in der Woche muss Kerstin zusammen mit anderen Kindern die Klasse verlassen. Dann hat Sabine mit den Kindern, die noch dageblieben sind, Religion. Kerstin geht mit den anderen Kindern in eine andere Klasse und hat dort auch Religion. Sabine möchte gern mit Kerstin gehen. Aber das geht nicht.

Kerstin möchte gern bei Sabine bleiben. Das geht auch nicht.

Sabine ist katholisch, und Kerstin ist evangelisch.

Kerstin spricht mit ihren Eltern. Sie sollen mit den Lehrern in der Schule sprechen.

„Da gibt es feste Vorschriften in der Schule", sagt Kerstins Vater. „Es gibt katholischen und evangelischen Religionsunterricht. Da wird eure Klasse eben aufgeteilt."

Kerstin denkt lange nach. Schließlich fragt sie: „War Jesus evangelisch oder katholisch?" Da müssen die Eltern lachen. „Er war weder evangelisch noch katholisch", sagen sie schließlich.

„Aber dann hat Jesus doch bestimmt nicht gewollt, dass es Katholische und Evangelische gibt!"

„Die Trennung haben die Menschen herbeigeführt, die viele Jahre nach Jesus lebten. Und diese Trennung besteht leider bis heute", versucht der Vater zu erklären. Er wird unterbrochen, weil es an der Haustür klingelt. Sabine stürmt herein.

„Was habt ihr denn in der letzten Stunde in Religion gemacht?", fragt Kerstin sogleich.

„Wir haben von den Hirten und den Engeln gesprochen. Es ist doch bald Weihnachten!"

„Wir auch!" Kerstin stemmt empört ihre Fäuste in die Hüften.

„Wir wollen die Geschichte in der nächsten Stunde spielen", sagt Sabine.

„Und dann darf ich wieder nicht mit?"

Kerstin ist ärgerlich. Und Sabine ärgert sich ebenso.

Rolf Krenzer (gekürzt)

Da hat Sabine eine Idee. „Wir könnten euch die Geschichte doch vorspielen, wenn wir sie eingeübt haben." Kerstin ist begeistert. „Und wir singen mit euch die Weihnachtslieder, die wir gerade lernen."

Die beiden Religionsklassen beschließen, gemeinsam eine Weihnachtsfeier durchzuführen. Es wird ein tolles Fest mit vielen verschiedenen Programmpunkten. Alle sind begeistert.

1. Welches Problem gibt es für Kerstin und Sabine?

2. Fasst die Meinung Kerstins in eigenen Worten zusammen. Wie denkt ihr darüber?

3. Die evangelischen und katholischen Schüler planen eine gemeinsame Weihnachtsfeier. Was spricht für, was gegen ein solches gemeinsames Projekt?

4. Vergleicht die Lehrpläne für den evangelischen und katholischen Religionsunterricht in eurer Klassenstufe. Wo finden sich Gemeinsamkeiten, bei denen ihr zusammenarbeiten könntet?

5. Plant ein gemeinsames Projekt und führt dies auch gemeinsam im Religionsunterricht durch.

Pfarrer/Pfarrerin,
Glaubensbekenntnis,
Buß und Bettag,
Papst,
Ostern,
Weihwasser,
Abendmahl,
Heilige Drei Könige
Lieder,
Beichtstuhl,
Taufe,
Allerheiligen,
Weihnachten,
Eucharistie,
Konfirmation,
Ewiges Licht,

evangelisch   katholisch

Messe,
Reformation,
Vaterunser,
Bibel,
Bekreuzigung,
Tabernakel,
Pfingsten,
Messgewand,
Martin Luther,
Beichte,
Fronleichnam,
Gottesdienst,
Verehrung Marias,
Reformationstag,
Firmung,
Talar,
Priester

1. Übertragt das Baumbild in euer Heft. Tragt die Gemeinsamkeiten von evangelischer und katholischer Kirche in die Wurzeln und den Stamm ein, die Unterschiede in die entsprechende „evangelische" oder „katholische" Baumkronenhälfte.

Das muss gefeiert werden

Die Religionsklasse 5/6 arbeitet an einem Projekt zu den Kirchenfesten. In Kleingruppen informieren sie sich über die einzelnen Feste, über ihre Bedeutung und ihr Brauchtum. Am Ende der Projektarbeit sollen die einzelnen Gruppen ihre Ergebnisse an Stellwänden den anderen Schülern vorstellen.

Weihnachten

Ostern

Pfingsten

Jüdische Feste

Feste des Islam

Das christliche Festjahr

Das Kirchenjahr teilt das Jahr nach den christlichen Festen ein. Es beginnt am 1. Advent und endet am Totensonntag. Man unterscheidet den Weihnachtsfestkreis, den Osterfestkreis und die Trinitatiszeit. Die Feste in der ersten Hälfte des Kirchenjahres hängen alle mit dem Leben von Jesus zusammen. In der zweiten Hälfte begehen wir Feste, die im Laufe der Geschichte entstanden sind. Es sind Bitt- und Dankfeste und Feste, an denen man über sein Leben und den Tod nachdenken soll.

1. Während die Gruppe „Das christliche Festjahr" schon erste Ergebnisse auf ihrer Stellwand hat, sind die anderen noch beim Sammeln und Sortieren von Materialien. Ihr könnt dabei helfen: Welche Materialien gehören zu welcher Gruppe?

2. Zeichne den christlichen Festkreis in dein Heft. Achte bei der Auswahl der Farben darauf, was sie jeweils bedeuten: **Weiß** ist die Farbe der Freude über Jesus. **Violett** bedeutet, dies ist die Zeit der Vorbereitung, der Stille und des Nachdenkens. **Rot** ist die Farbe der Kraft Gottes, des Heiligen Geistes. **Grün** bedeutet Wachsen und Reifen.

3. Ordnet die folgenden Feste den drei Festkreisen zu: Reformation, Karfreitag, Buß- und Bettag, Vierter Advent, Palmsonntag, Erntedank, Himmelfahrt, Heiligabend, Fronleichnam, Ostersonntag, Weihnachten, Gründonnerstag, Pfingsten.

Die Weihnachtszeit

Advent

Das lateinische Wort bedeutet „Ankunft".
Adventszeit nennen wir die vier Wochen
vor dem Weihnachtsfest. Wir bereiten uns
— voller Freude, aber auch sehr ernsthaft —
auf die Geburt Jesu vor. Mit der Adventszeit beginnt das Kirchenjahr. Am vierten
Sonntag vor Weihnachten, dem „ersten
Advent", feiern wir und zeigen unsere
Freude mit dem Adventskranz, an dem
wir die erste Kerze anzünden. Eine Woche
später dann zwei, dann drei, dann vier.
Es wird immer heller. Alle Lichter weisen
auf Jesus hin, der von sich sagt: „Ich bin
das Licht der Welt".

Weihnachten

Man weiß nicht auf den Tag genau, wann
Jesus geboren ist. Die Christen wollten nun
aber schon bald den Geburtstag von Jesus
feiern. Sie einigten sich auf folgende Fest-
tage: Heiliger Abend am 24. Dezember,
Weihnachtsfeiertage am 25. und 26. Dezember. In alter deutscher Sprache heißt
„heilige Nacht" übersetzt „wihe nacht" —
daraus wurde „Weihnacht".

Am Heiligen Abend feiern wir die Geburt
von Jesus. Er wurde in einem Stall bei der
Stadt Bethlehem geboren.

Nikolaustag

Im 4. Jahrhundert lebte in Myra in der
Türkei ein Bischof mit Namen Nikolaus.
Er half den armen Menschen und besonders den Kindern. Zur Erinnerung an ihn
feiern wir am 6. Dezember den Nikolaus-
tag mit Liedern, kleinen Geschenken und
bunten Tellern.

Epiphanias – Das Dreikönigsfest

Der Stern, der über dem Stall in Bethlehem stand, führte drei Männer von weit her zu Jesus. Wir nennen sie die „Heiligen Drei Könige". Aber es waren wohl keine Könige, sondern Sterndeuter aus dem Orient, die kostbare Geschenke mitbrachten: Gold, wohlriechenden Weihrauch und die wertvolle Gewürzpflanze Myrrhe, aus der man Parfüm machen konnte.

Der „Dreikönigstag" heißt in der Kirche auch „Epiphanias". Das ist ein griechisches Wort und bedeutet „Tag der Erscheinung". Gemeint ist damit die Ankunft von Jesus in der Welt.

1. Ordnet die einzelnen Symbole den jeweiligen Texten zu. Zeichnet für jeden Text ein Symbol in euer Heft. Achtet dabei auf die richtige Reihenfolge. Formuliert dazu jeweils eine kurze Erklärung.

2. Im Advent soll Jesus „ankommen" in unseren Herzen und sie bereitmachen für Frieden und Versöhnung. Sammelt Beispiele dafür, wie Jesus bei uns „ankommen" kann, d. h., was ihr selbst in der Schule, in eurer Familie und in eurem Freundeskreis dazu beitragen könnt, damit es friedlicher und gerechter zugeht auf der Welt.

3. Besorgt euch einige Evangelische Gesangbücher und schaut nach: Wo stehen die Lieder, die zu Advent, Weihnachten und Epiphanias passen? Lest einige der Lieder. Schreibt zu jedem Fest drei Titel heraus, die euch gut gefallen.

4. Gestaltet in eurem Klassenzimmer einen „Weihnachtsweg". 24 kleine Steine oder Teelichter markieren den Weg von Maria und Josef bis nach Bethlehem. Der Weg beginnt am Haus in Nazareth. Jeden Tag wird der Esel mit Maria und Josef (Ton- oder Krippenfiguren) eine Station weitergerückt, eine weitere Kerze angezündet. Am Ende des Weges wird der Stall aufgebaut, dazu die Hirten und Engel. Die Figuren können aus Tonkarton oder Knetmasse, die Gebäude aus Naturmaterialien oder Kartons gefertigt werden.

Die Passions- und Osterzeit

Passionszeit

Die vierzig Tage zwischen Aschermittwoch und Ostern heißen bei den evangelischen Christen Passionszeit, bei den katholischen Christen österliche Bußzeit. Passion heißt „Leiden". Passionszeit ist die Vorbereitungszeit auf das Osterfest. In dieser Zeit denken wir an das Leben Jesu vor seinem Tod. Manche Menschen verzichten während dieser Zeit auf besondere Speisen wie Fleisch oder Süßigkeiten oder auf das Fernsehen. Sie denken dabei an das Leiden Jesu und an das Leiden vieler Menschen in unserer Welt.

Gründonnerstag

Der Tag hat seinen Namen nach dem alten Wort „gronan", das heißt übersetzt „greinen" oder „weinen"; es ist also ein „Tränendonnerstag". Wir gedenken an diesem Tag des letzten gemeinsamen Mahles, das Jesus mit seinen Jüngern gehabt hat. Zur Erinnerung daran feiern wir heute in der Kirche das Abendmahl.

Palmsonntag

Die Woche vor Ostern nennt man „Karwoche". „Kara" ist ein altes Wort für „Klage/Trauer". Die Karwoche beginnt mit dem Palmsonntag. Wir denken daran, wie Jesus an diesem Tag auf einem Esel in Jerusalem eingezogen ist. Viele Menschen standen am Straßenrand und wollten ihn sehen. Als er kam, breiteten einige ihre Kleider wie einen Teppich auf dem Weg vor ihm aus. Andere brachen Palmzweige ab, streuten sie aus oder winkten ihm damit zu. Die Menschen feierten Jesus wie einen König

Karfreitag

Der Freitag vor Ostern heißt Karfreitag. Der Karfreitag ist der höchste evangelische Feiertag. An diesem Tag denken wir an Jesu Leiden, an seine Verurteilung, seine Kreuzigung und seinen Tod. Es ist ein Tag des Fastens und der Stille.

Ostern

Ostern ist das älteste und wichtigste Fest der Christenheit. Es ist das Fest der Auferstehung Jesu. Es wird an zwei Tagen, am Ostersonntag – immer der Sonntag nach dem ersten Vollmond im Frühling – und am Ostermontag gefeiert. Die gesamte Osterzeit dauert 40 Tage. Sie beginnt in der Nacht vom Karsamstag zum Ostersonntag und endet an Himmelfahrt.

Himmelfahrt

Am 40. Tag nach Ostern erinnern wir uns an die Himmelfahrt Jesu. Wir denken daran, dass Jesus jetzt nicht mehr bei uns, sondern bei Gott ist. An Himmelfahrt hat sich Jesus zum letzten Mal den Menschen gezeigt. Jesus geht dahin zurück, wo Gott wohnt und woher Jesus gekommen ist. Die Menschen müssen jetzt selbst Verantwortung übernehmen. Aber Jesus verspricht, seinen Heiligen Geist zu senden, der sie begleiten wird. Nach seiner Himmelfahrt ist Jesus nicht weit weg. Seine letzten Worte sind: „Ich bin immer bei euch, jeden Tag, bis zum Ende der Welt."

1. Gestalte in deinem Heft eine „Osterseite". Zeichne dazu:

   – die Passions- und Osterzeit als Weg. Markiere die verschiedenen Feier- und Gedenktage als Stationen auf diesem Weg und erkläre jeweils ihre Bedeutung.
   – den Ostertisch in dein Heft und erkläre die jeweiligen Symbole.

Pfingsten und die zweite Hälfte des Kirchenjahres

Guter Gott,
wir denken an alle Menschen, die tot sind.
Nimm alle zu dir und lass sie bei dir leben für immer.
Nimm auch uns, wenn wir sterben, einmal ganz zu dir.
Und nimm uns die Angst vor dem Sterben.

Erntedank – Gott sei Dank!

Am 1. Sonntag im Oktober feiern wir das Erntedankfest. An diesem Tag ist die Kirche schön geschmückt mit allen Gaben, die geerntet wurden: das Korn, das Gemüse und das Obst. Wir danken für die Gaben, für Gottes Schöpfung, für die Sonne und den Regen.

Pfingsten – Happy Birthday, Kirche!

Pfingsten ist das Fest des Heiligen Geistes. Das Wort kommt aus dem Griechischen und bedeutet „fünfzig". Wir feiern dieses Fest am 50. Tag nach Ostern. Wie das Weihnachtsfest und das Osterfest dauert auch das Pfingstfest zwei Tage.

Wir erinnern uns Pfingsten an die ersten Christen in Jerusalem:

Jesu Freunde waren zu einem Fest versammelt, als plötzlich ein Sturm das Haus erfüllte und Flammenzungen sich auf die Jünger niederließen. Da spürten diese plötzlich die Kraft Gottes – den Heiligen Geist –, und sie begannen, in verschiedenen Sprachen von Jesus und Gott zu reden. Es war wie ein Wunder. Menschen aus vielen Ländern verstanden die frohe Botschaft von Jesus. Viele ließen sich taufen. So entstand die erste Gemeinde der Christen.

Deshalb sagen wir heute auch: Das Pfingstfest ist der „Geburtstag" der Kirche.

Buß- und Bettag – Rückblick, Besinnung, Neuanfang

Am vorletzten Mittwoch des Novembers versammeln sich die evangelischen Christen zu einem Buß- und Bettag-Gottesdienst.

In Liedern und Gebeten denken wir an das, was wir falsch gemacht haben und was uns von Gott trennt. Wir bitten ihn um Versöhnung und einen Neuanfang.

Herr Gott,
du erneuerst die Kirche durch dein Wort und sammelst sie in der Einheit des Glaubens.
Wir bitten dich, bringe die Irrenden zurecht und vereine die Getrennten in deiner Wahrheit,
damit wir dich mit einem Munde bekennen und loben.

Reformationstag – Martin Luthers Thesenanschlag

Reformation heißt Erneuerung. An diesem Tag denken wir in der evangelischen Kirche an Martin Luther. Er wollte die katholische Kirche reformieren, d. h. erneuern. Die Christen sollten sich weniger nach den Vorschriften der Bischöfe und des Papstes richten, sondern mehr nach dem Evangelium. Am 31. Oktober 1517 schrieb Martin Luther seine Gedanken über Gott und die Kirche in 95 Sätzen auf und schlug diese „95 Thesen" an die Tür der Schlosskirche in Wittenberg.

Den Mächtigen der Kirche gefiel das nicht. Man verbot ihm, seine Lehre zu verbreiten, und verfolgte ihn. Der Streit endete damit, dass sich Martin Luther und seine Anhänger von der katholischen Kirche trennten. Sie nannten sich jetzt „evangelisch". Am 31. Oktober feiern wir, die evangelischen Christen, das Reformationsfest zur Erinnerung an den Beginn unserer Kirche.

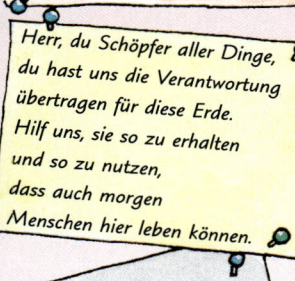

Herr, du Schöpfer aller Dinge,
du hast uns die Verantwortung
übertragen für diese Erde.
Hilf uns, sie so zu erhalten
und so zu nutzen,
dass auch morgen
Menschen hier leben können.

95 THESEN

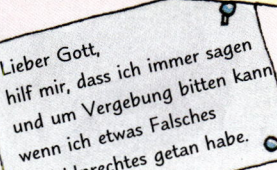

Lieber Gott,
hilf mir, dass ich immer sagen
und um Vergebung bitten kann,
wenn ich etwas Falsches
und Unrechtes getan habe.

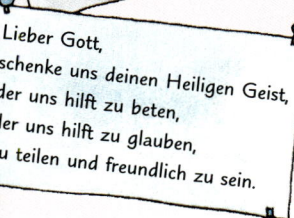

Lieber Gott,
schenke uns deinen Heiligen Geist,
der uns hilft zu beten,
der uns hilft zu glauben,
zu teilen und freundlich zu sein.

Ewigkeitssonntag – Hoffnung

Den letzten Sonntag im Kirchenjahr, den Ewigkeitssonntag, nennt man auch Totensonntag. Es ist der Sonntag vor dem 1. Advent. Viele Menschen denken an diesem Tag an ihre verstorbenen Angehörigen und besuchen den Friedhof. Die Gräber werden geschmückt und oft auch eine Kerze angezündet. Das ist ein Zeichen dafür, dass die Toten nicht vergessen sind. In den Gottesdiensten der evangelischen Kirchen werden die Namen der Verstorbenen des vergangenen Kirchenjahres vorgelesen. „Ewigkeitssonntag" bedeutet, dass wir glauben, dass mit dem Tod nicht alles zu Ende ist. Wir hoffen, dass wir nach dem Tod bei Gott sind. Deshalb ist der Ewigkeitssonntag eigentlich kein Trauertag, sondern ein Hoffnungstag.

1. Ordne die folgenden Tätigkeiten den einzelnen Festen zu:

   danken, hoffen, Geburtstag feiern, nachdenken, erinnern.

2. Zeichne die Symbole in dein Heft und schreibe den jeweiligen Fest- und Gedenktag daneben. Schreibe das passende Gebet dazu.

Jüdische Feste

Das Judentum hat einen eigenen Kalender. Die jüdischen Monate dauern von einem Neumond bis zum nächsten. Dadurch sind sie kürzer als unsere Monate. Um das auszugleichen, wird in manchen Jahren ein Monat hinzugefügt. Es gibt viele jüdische Feste im Jahr. Sie sollen mit Geschichten, Liedern oder speziellen Mahlzeiten an wichtige Ereignisse aus der jüdischen Geschichte erinnern.

Purim (Februar/März)

Esther war vor langer Zeit eine jüdische Königin in Persien (Iran). Sie rettete ihr Volk vor einem bösen Mann namens Haman. An Purim verkleiden sich die Kinder als Königinnen und Könige und hören die Geschichte von Esther in der Synagoge. Immer wenn Hamans Name genannt wird, schimpfen sie und stampfen mit den Füßen auf.

Passafest (März/April)

Am Passafest erinnern sich die Juden an die Befreiung aus der Sklaverei in Ägypten. Es wird ungefähr in der Zeit gefeiert, in der die Christen Ostern feiern. Das Passafest dauert acht Tage und beginnt am ersten Abend mit einem ganz besonderen Abendessen, dem Sedermahl. Es gibt dabei ganz bestimmte Speisen, die alle Symbole sind für die Zeit der Versklavung jüdischer Vorfahren in Ägypten.

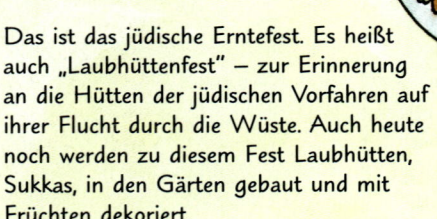

Sukkot (September/Oktober)

Das ist das jüdische Erntefest. Es heißt auch „Laubhüttenfest" – zur Erinnerung an die Hütten der jüdischen Vorfahren auf ihrer Flucht durch die Wüste. Auch heute noch werden zu diesem Fest Laubhütten, Sukkas, in den Gärten gebaut und mit Früchten dekoriert.

Rosch Haschana
(September/Oktober)

Das ist das jüdische Neujahrsfest. Es wird zum Herbstbeginn gefeiert und dauert 10 Tage. Jeden Morgen bläst jemand in der Synagoge das Schofar, ein Widderhorn, um die Menschen daran zu erinnern, was sie im letzten Jahr falsch gemacht haben. Zu Hause isst man Äpfel mit Honig, um sich ein süßes neues Jahr zu wünschen.

m Kippur

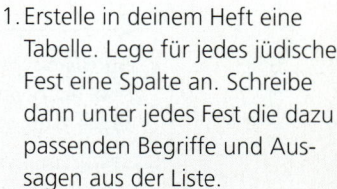

t Jom Kippur, dem Versöhnungstag,
et das jüdische Neujahrsfest. Jom
pur ist für die Juden der heiligste Tag
Jahres. Die Erwachsenen essen und
ken nichts und bitten Gott um die
zeihung ihrer Fehler. An Jom Kippur
d der Neubeginn gefeiert, die Versöh-
ng mit Gott und den Menschen.

Chanukka (Dezember)

An Chanukka, dem Lichterfest, zünden die
Kinder Kerzen in einem achtarmigen Ker-
zenständer an – eine Kerze für jeden Tag
des Festes. In der Mitte steht eine Kerze,
an der die anderen entzündet werden. Acht
Tage lang wird jeden Tag eine Kerze mehr
angezündet.

Das Fest erinnert an den Sieg der Juden
über einen fremden König, der ihnen ihre
Religion verbieten wollte. Als sie danach
den Tempel wieder eröffneten, war für die
Lampe des Tempels nur Öl für einen Tag
vorhanden. Trotzdem brannte sie acht
ganze Tage lang. Dieses Wunder wird an
Chanukka gefeiert. Zu essen gibt es bei
diesem Fest in Öl Gebackenes, z. B. Krap-
fen. Das Öl erinnert an das Lichtwunder

1. Erstelle in deinem Heft eine
Tabelle. Lege für jedes jüdische
Fest eine Spalte an. Schreibe
dann unter jedes Fest die dazu
passenden Begriffe und Aussagen aus der Liste.

– Versöhnungstag
– 8 Tage lang wird jeden
Tag eine Kerze mehr
angezündet
– erinnert an das Licht-
wunder im Tempel
– heiligster Tag des Jahres
– dauert 10 Tage
– der Schofarklang (Wid-
derhorn) soll daran erin-
nern, was im letzten Jahr
falsch gemacht wurde
– letzter Tag des Neujahrs-
festes
– Lichterfest
– erinnert an die Befreiung
aus der Sklaverei in
Ägypten
– erinnert an die Königin
Esther
– Kinder verkleiden sich als
Königinnen und Könige
– Erntefest oder Laub-
hüttenfest
– Jüdisches Neujahrsfest
– Erinnerung an die Zeit
der Wüstenwanderung

Feste im Islam

Im islamischen Kalender dauert jeder Monat von einem Neumond bis zum nächsten. Deshalb sind die Monate kürzer als bei uns. Der erste Monat im islamischen Jahr heißt Muharram. Nach dem normalen Kalender beginnt Muharram jedes Jahr zehn oder elf Tage früher.

Opferfest

Das Opferfest findet im 12. Monat statt. Es dauert vier Tage. Es soll daran erinnern, dass Abraham bereit war, auf Befehl Allahs seinen Sohn zu opfern. Im Mittelpunkt des Festes stehen die Hingabe an Gott/Allah und das Vertrauen in Gottes Barmherzigkeit. Der Höhepunkt des Festes ist ein Familienessen. Dazu wird häufig eine Ziege oder ein Schaf geschlachtet. Das Fleisch wird in drei Teile geteilt:
Je ein Drittel für die Familie, für die Nachbarn und für Arme.

Der gemeinsame Besuch der Moschee und das Lesen im Koran gehören auch dazu.

Zuckerfest

Das Hauptfest im Islam ist der Fastenmonat Ramadan. Etwa zwanzig Stunden am Tag – zwischen Sonnenaufgang und Sonnenuntergang – darf man nichts essen und trinken.

Nach dieser Zeit des Fastens gibt es ein großes Fest: das Zuckerfest. Es heißt auch Fest des Fastenbrechens. Drei Tage lang wird fröhlich gefeiert. Nach dem ersten gemeinsamen Frühstück gehen alle in die Moschee. Es gibt Süßigkeiten und Geschenke. Die Häuser sind frisch geputzt und alle sind festlich angezogen.

Der Geburtstag Mohammeds

Mohammed ist der wichtigste Prophet im Islam. Der Geburtstag Mohammeds und andere wichtige Ereignisse aus seinem Leben werden während des ganzen dritten Monats des islamischen Jahres gefeiert, vor allem mit Prozessionen, Ansprachen und Gebeten.

Aschura-Fest

Kurz nach Beginn des neuen islamischen Jahres wird Aschura gefeiert. Mohammed hat gesagt, dass Allah an diesem Tag die Welt erschaffen hat. Außerdem hat Noahs Arche wieder an Land angelegt und Jesus wurde geboren. Viele Gläubige fasten an Aschura.

1. Von welchem Fest ist jeweils die Rede?

   – Es ist ein bisschen wie Weihnachten, weil es eines unserer wichtigsten Feste ist und drei Tage dauert.
   – Das ganze Haus wird geputzt und in Ordnung gebracht.
   – Es beendet die Fastenzeit.
   – Morgens gibt es ein festliches Frühstück mit der ganzen Familie.
   – Der Höhepunkt ist die Schlachtung eines Tieres.
   – Es dauert vier Tage.
   – Es erinnert an Abraham, der Gott so vertraut hat, dass er bereit war, seinen Sohn zu opfern.
   – Bei diesem Fest bekommen auch die Armen etwas.
   – Dieses Fest ist bei uns nicht ganz so wichtig, weil Allah der wichtigste bei uns ist und nicht sein Prophet.
   – Es erinnert an die Erschaffung der Welt, an das Ende der Sintflut und an Jesus.

2. Schreibt die 12 islamischen Monate in der richtigen Reihenfolge in euer Heft. Ordnet die einzelnen Feste den betreffenden Monaten zu.

Textnachweis

S. 18: Gina Ruck-Pauquèt: Abschied von der kleinen Eule. In: Sandmännchen. Maier Verlag Ravensburg.

S. 34/35: Gerhart Herrmann Mostar: Der Witz vom Pomuchelskopf. In: Gerhart Herrmann Mostar: „In diesem Sinn ..." Mit Federzeichnungen von W. Bürger. F.A. Herbig: München/Berlin 1984.

S. 54/55: nach Gabriele M. Göbel: Schtefanie oder S-tefanie. In: H.J. Gelberg: Menschengeschichten. Beltz & Gelberg, Weinheim (Text leicht verändert).

S. 150: Danke für diesen guten Morgen: Text und Melodie: Martin Gotthard Schneider.

S. 164: © Rolf Krenzer, Dillenburg.

Bildnachweis

S. 73 u.: Silvestris/Kalden, Kastl

S. 78/79: Hintergrund: MEV Verlag/Eggstein, Augsburg

S. 78 o.li.: zefa, Düsseldorf

S. 78 o.re:. Andrea Wahl, Burgstetten

S. 78 Mi. und re.: MEV Verlag, Augsburg

S. 78 u.li.: zefa, Düsseldorf

S. 79 alle Fotos: MEV Verlag, Düsseldorf, außer: u. re. Recyclingcontainer: Kirsten Stab, Dieburg

S. 80/81: © Helmut Hanisch, Leipzig

S. 83 li.: Aus der Lutherbibel von 1534

S. 83 re.: Andreas Felger, Öl „Licht scheint in der Finsternis" zu Johannes 1,5 © Präsenz-Verlag, D-65597 Hünfelden

S. 83 u.: Michelangelo: Die Erschaffung Adams

S. 86: Marc Chagall: Brennender Dornbusch, © VG Bildkunst, Bonn 2002

S. 88 o.li.: Oberitalienischer Maler: Haupt Christi mit Dornenkrone: Artothek/Wacker, Weilheim

S. 88 o.re.: Giovanni Bellini: Gebet Christi im Garten Gethsemane

S. 88 u.li.: Heilung der zehn Aussätzigen, Miniatur aus dem 12. Jh., Vier-Evangelienbuch, Kloster Gelati, Georgien

S. 88 u.re.: Frau Angelico: Die Bergpredigt, AKG/Rabatti - Domingie, Berlin

S. 92 u.: AKG, Berlin

S. 97-105: Esben Hanefelt Kristensen, © Dänische Bibelgesellschaft, Kopenhagen

S. 104: Matthäus Merian d.Ä.: Der Tempel Salomos; AKG, Berlin

S.108/109: Wolfgang Zwickel, Mainz

S. 121: IFA/NICOS, Frankfurt

S. 123: © Calwer Verlag

S. 125: Rembrandt: Der verlorene Sohn

S. 129: van Gogh: Der barmherzige Samariter, Foto: Artothek, Weilheim; Otterlo Museum, Kröller-Müller

S. 132: El Greco: Die Ausgießung des Heiligen Geistes

S. 144 u.: dpa/M. Johnston, Frankfurt

S. 148 o.: Mester/CCC

S. 148 u.: TEO

S. 155: © Arthur Amiotte, Praying Man

S. 156/57: Werner „Tiki" Küstenmacher, Tatort Bibel S. 34/35, Claudius Verlag München

S. 158: Foto Kirschner, Ostfildern-Nellingen

S. 162 o.: Bilderberg, Stefan Bungert, Hamburg

S. 162 Mi.: Mauritius, Hasche

S. 162 u.: KNA, Bonn

S. 163 o.: Mauritius, N. Fischer

S. 163 u.: Bildverlag Dr. Bahnmüller, Geretsried

S. 165: Werner „Tiki" Küstenmacher, Himmlische Bilderbögen S. 11 unten, Claudius Verlag München